伏尔泰文集

第10卷

老实人
天真汉
咏里斯本灾难

蒋明炜　闫素伟　蔡思雨　译

创于1897　The Commercial Press

Voltaire

CANDIDE OU L'OPTIMISME
INGÉNU
POÈME SUR LE DÉSASTRE DE LISBONNE

目　　录

老　实　人

天　真　汉

咏里斯木灾难

老 实 人

〔法〕伏尔泰 著

蒋明炜 译

第 一 章

老实人如何在美丽的城堡里长大，又为何被赶了出来

在威斯特伐利亚[①]，森特-登-脱龙克（Thunder-ten-tronckh）男爵先生的府邸里，住着个小男孩儿，他天生品行温和。观其相貌，便知其性情。他为人正派，思想单纯；或许正是这一原因，人们都叫他老实人（Candide）。家中年长的仆人们怀疑他是男爵先生的妹妹与周遭某位忠厚诚实的绅士所生之子，男爵先生的妹妹根本不愿嫁给这位绅士，因为他只能证明家族里有 71 位贵族，而系谱树的其他部分都随着时间流逝丢失了。

男爵先生可是威斯特伐利亚地区一位顶厉害的爵爷，因为他家的城堡有大门，还有许多窗户。大厅里悬挂着一幅装饰挂毯。马厩里的所有家犬在需要时都可变身猎犬；马夫们也可充当驯马师；村庄里的副本堂神父就是他的布道牧师。人们尊称他"大老爷"，他一讲故事，他们就跟着笑。

男爵夫人体重约莫 350 斤[②]，备受众人尊重，并且她管理府内的事物极有威严，受到格外的尊敬。她的女儿居内贡（Cunégonde）

---

① 威斯特伐利亚（Vestphalie），德国西北部历史地区。——译者
② 法国古斤，在巴黎为 489 克，在各省为 380—550 克不等。——译者

芳龄17,肤色鲜亮,活力充沛,身姿丰满,惹人喜爱。男爵的儿子则不愧是男爵之子。家庭教师邦葛罗斯(Pangloss)是府中的权威,小老实人听他讲课时虔诚认真,毫不含糊。

邦葛罗斯讲授的内容包括玄学、神学、宇宙学和傻瓜学。他巧妙地证明了凡事有果必有因,并且在这个可能的最好的世界当中,男爵先生的府邸就是最富丽堂皇的一座,而男爵夫人则是最好的一位。

他说道:"事实证明事物不可能是另外的样子:因为一切皆有目的,一切都必然为着一个最好的目的。好好注意啦,鼻子的存在就是为了戴眼镜,而我们正好就拥有眼镜。腿很明显地长出来,为的是穿上鞋子,而我们就拥有鞋子。石头的形成,是为了经过打磨,来搭建城堡,而我们的大老爷就拥有一座如此漂亮的宅邸:全省最大的男爵就该拥有最舒适的住所。猪生来就要被吃掉,我们一年到头可不就在吃着猪肉。因此,谁要是说一切都好,可就大错特错了:应该说一切都是最好的安排。"

老实人仔细聆听,并且天真地信以为真:因为他觉得居内贡小姐简直美极了,尽管他从没有胆量对她说出口。他总结出:在生为森特男爵这一幸福之后,排在第二位的幸福是成为居内贡小姐;第三大幸福,是每天都能见到她;第四大幸福,则是听全省,因此也是全世界最大的哲学家邦葛罗斯老师讲课。

一天,居内贡正在城堡四周那被称作花园的小树林里散步,她看到树丛之间,邦葛罗斯博士正在给母亲的贴身女仆——她身材娇小,褐色头发,秀丽乖巧——讲解实验物理。居内贡小姐对科学满怀兴趣,于是她凝神屏气,亲眼见证并观察那反复操作的试验。

她清楚地看到了博士那充足的理由，以及结果和原因，回过神来时，她激动不已，陷入了沉思，一心也想成为学者，想着她亦能成为年轻的老实人那充足的理由，而他反之于她，也将如此。

返回城堡的途中，她遇到了老实人，她的脸唰地红了，老实人的脸也红了；她向他问候，话却讲得磕磕绊绊，老实人也对她说话，却不知道自己嘟囔了些什么。第二天晚饭过后，大家起身离开饭桌，居内贡和老实人溜到了屏风后面。居内贡故意将手绢掉在地上，老实人捡了起来；她不经意地拉起了他的手，年轻人又不经意地亲吻了姑娘的手臂；那一吻满是激情、冲动，又格外优雅；两人的口唇也合到了一起，他们的眼中放出光芒，他们的双膝不停颤抖，他们的手迷失了。森特-登-脱龙克男爵先生正巧从屏风旁边经过，目睹了事情的起因和结局，他在老实人身后狠狠地踢了几脚，将他逐出了城堡。居内贡晕倒在地，待她才清醒过来，就挨了母亲的耳光。一时间，男爵的府上乱作一团，这可是当地最富丽安逸的一家府邸了。

第 二 章

老实人在保加利亚人当中的经历

老实人被从人间天堂赶了出来。他漫无目的地走啊走,泪流不止,抬起眼睛望望天,又不时回头遥望那座最富丽的府邸,那里面囚禁着一位最美丽的男爵之女。他没的饭吃,在田间倒头就睡,身边就是两道犁沟,大片的雪花飘落下来。第二天,老实人拖着冻僵的身子,跌跌撞撞向着近旁的一座市镇走去,这里名叫瓦尔德贝克霍夫-特拉布克-迪克多夫,而他身无分文,又饥寒落魄。惨兮兮地,他来到了一家小客栈的门口。

两个身着蓝色衣衫的男人瞧见了他:"伙计,"其中一个说道,"这小伙子倒是长得像样,个儿也够高。"

他们走近老实人身旁,十分客气地招呼他进去吃饭。

"先生们,"老实人上前回答,口气谦逊随和,"多谢你们的好意,可我无力偿付我的那一份。"

"啊!先生,"其中一位蓝衣服说道,"像您这样体面而有地位的人物是从来不用花钱的,你身高可有五尺五寸?"

"是的,先生们,这正是我的身高。"老实人躬身回答。

"啊!先生,请您入座。这顿饭由我们请,而且,岂能让您这样尊贵的先生身无分文,男人们就该相互帮衬的。"

"你说的对,"老实人说道,"邦葛罗斯先生也常常这么说,我知道一切都是最好的安排。"

他们请他无论如何收下几枚金币,他收下后,想要自己付账,他们当然不肯同意,三人一起在桌旁坐了下来。

"您有没有中意的……?"

"哦! 是的,"他连忙回答,"我深深爱着居内贡小姐。"

"不," 位先生解释道,"我们的意思是您是否喜欢保加利亚的国王?"

"一点儿不,"老实人回答道,"因为我从没见过他。"

"怎么会! 他可是最具魅力的一位国王,我们要为他的健康干杯。"

"哦! 我很乐意,先生们。"他一饮而尽。

"这就好了,"他们说道,"你现在也是保加利亚人的依靠、支撑、护佑和英雄了。你注定会拥有财富,你的荣耀稳妥无疑。"

他们给他的脚绑上铁镣,将他带到了营地。到了那里,人们叫他向右转,又向左转,上枪,又回枪,举枪,放枪,快步走,最后,又给了他三十大棍。第二天,他的表现有所进步,只吃了二十棍棒。第三天,则减为十下。同伴们都视他为奇迹。

老实人惊奇不已,他闹不明白自己怎么就成了英雄。在一个美好的春日里,他试着去散散步,就这么径直向前走着,心里想着能够随意支配自己的双腿真是人类和动物的一项特权。可走了不到两里地,另外四个身高六尺的英雄便追了上来,将他五花大绑,扔进了一间小牢房。他遭到了审判,并被询问更愿意选哪一个:是让整个营地棒打三十六次，还是脑袋上同时被十二颗铅弹砸中。他再说什么意愿自由，哪种都不想要也是徒劳，他必须做出选择。最后，他决定以上帝赐予我们自由的名义，选择挨三十六次棒打。他被带着走了两圈。营地里有两千士兵，算起来便是四千下棒打，从后脖颈直到屁股，身上的每一块肌肉和每一条神经都没逃过。还要走第三圈的时候，老实人再也无法忍受，他苦苦央求人们发发善心干脆给他当头一棒。人们采纳了他的请求，用绑带蒙住他的眼睛，并让他双膝跪地。此时，保加利亚的国王正巧经过此地，询问后得知了犯人的罪行，由于国王天赋异秉，他凭借对老实人的了解，便明白了他正属于那种对世界不甚了解又年轻的形而上之人，便赦免了他，那份宽厚简直值得所有的报纸在各个世纪大肆颂扬。一位勇敢的外科医生使用迪奥斯科里德（Dioscoride）传授的润肤剂，在三个星期的时间里治愈了老实人。当保加利亚国王向阿白莱国王发起战争时，他的皮肤已逐步愈合，可以行走了。

第 三 章

老实人如何从保加利亚人那里逃走，又有何遭遇

没有什么能像对阵的两支军队那样漂亮、敏捷、精神焕发、井然有序的了。军号、短笛、双簧管、军鼓和大炮合奏出一种地狱里都听不到的和谐乐音。大炮上来就放倒了两边各约六千人；接着，火枪齐射又从这最好的世界里消灭掉大约九千至一万条污染地面的性命。刺刀也是数千人丧命的充分的理由。统统算下来，有多达三万余条灵魂升了天。老实人浑身颤抖得像个哲学家一般，在整场英勇的屠杀当中，他就只忙着到处躲闪了。

最后，当两边的国王下令各自的军队唱起赞美诗的时候，老实人决定逃走，再去别处探究因与果的关系。他从四处堆积的尸体以及将死士兵们的身上迈步过去，先是来到了一座邻近的村庄。村庄已经化为灰烬，这座曾经属于阿白莱人的村庄被保加利亚人烧了个精光，这是公法定下的规矩。这边，遍体鳞伤的老汉眼睁睁望着自己的妻子被刺破喉咙，还将孩子们搂进她们血泊的怀里；那边，他们的女儿们，在满足了保加利亚英雄的需求之后，被开膛破肚，只剩下最后的几口气息；还有些人，身子已经烧得半焦，叫嚷着请求人们让他们快快死去。脑浆遍地流淌，四处散落着被砍掉的

大腿和臂膀。

　　老实人快速逃去了另一座村庄:这里是保加利亚人的地盘,阿白莱的英雄们也还以同样的待遇。老实人在抽动的肢体和一片废墟中跌跌撞撞,好不容易才逃离了战场,囊袋中的口粮已所剩不多,心里却还念念不忘居内贡小姐。他进入荷兰地界时,仅有的口粮也已经消耗殆尽了。但他听说荷兰人都十分富有,且信奉基督教,便毫不怀疑自己将会得到与在男爵先生府邸时同样的待遇——当然是在自己为着居内贡小姐那双美丽的眼眸而遭到驱赶之前了。

　　他向几位庄重严肃之人请求施舍,而他们全都还以同样的回答:如果他继续以乞讨为生,他们就送他去改造所里学习如何谋生。

　　之后,他又向一位先生寻求帮助,他刚刚在一间大会场里独个儿讲了一个多时辰的慈善。这位演说家斜眼儿瞅一瞅他,说道:"您来这儿有何贵干?来赞同善因吗?"

　　"没有因就不会有果,"老实人谦恭地回答道,"一切都必然受到引导,并得到最好的安排。我注定从居内贡小姐身边被赶了出来,后来又在营地里挨了棒打,现在我需要讨得饭吃,直到能够自食其力。这一切不可能是另一番情形。"

　　"我的朋友,"演说家又对他说,"你相信教皇反对基督教吗?"

　　"这我还从未听过,"老实人回答,"他是也好,不是也罢,反正我需要面包。"

　　"你就活该没的饭吃,"那人说道,"滚开,无赖,穷鬼,滚得远远的。"

　　演说家的妻子从窗口探出头来,听到有人竟说不相信教皇是反基督教的,就从楼上浇了他一身……天呐! 妇人们要是迷上了宗教,还有什么事干不出来!

　　有个名叫雅各的男子,他从未受过洗礼,是位好心的再浸礼教派教徒,他亲眼见了自己的同胞遭到如此残忍侮辱的对待,而他不过是个不长毛的两脚生灵,身体里住着自己的灵魂。这位雅各将他带回家中,帮他清洗干净,给他面包啤酒让他吃喝,又给了他两块荷兰盾金币,还想教给他如何在荷兰加工波斯布料的作坊中工作。老实人几乎拜倒在他的眼前,大声说道:"邦葛罗斯先生说得对啊,世间的一切都是最好的安排。比起刚才那位黑袍先生和他太太的残忍举动,您的无尽仁慈更令我无比感动。"

　　第二天,老实人走在路上,碰着一个乞丐,他浑身生疮,一双眼死气沉沉,鼻头烂了,嘴巴歪了,牙齿黑乎乎的,嗓子里咕噜着,一阵剧烈的咳嗽令他痛苦不堪,每一下使劲便吐出一颗牙来。

第 四 章

老实人如何与他的哲学老师邦葛罗斯先生重逢,又发生了什么

看到此人,老实人的同情之心超出于厌恶之意,他将方才那位名叫雅各的再浸礼教派教徒给自己的两块荷兰盾金币又递给了这位叫人惨不忍睹的乞丐。已没了人样儿的乞丐眼神儿定定地看着他,留下几滴泪来,凑到跟前要去抱他。老实人害怕极了,连忙后退。

"唉!"一个落魄之人对另一个落魄之人说道,"你连亲爱的邦葛罗斯都认不出了吗?"

"你说什么? 你,是我的老师! 怎么落得这般境地! 你这是遭遇了什么不幸? 怎么不待在那座富丽的城堡里了? 居内贡小姐可还好? 她可是珍珠一般的姑娘,大自然的杰作啊!"

"我一点儿力气也没有了。"邦葛罗斯回答。

老实人听了,立刻将他带回到雅各的马厩里,给了他一些面包,待邦葛罗斯恢复了一些体力,老实人赶忙问道:"那么居内贡,她怎么样了?"

"她死了。"邦葛罗斯回答。

听到这话,老实人当即昏了过去。他的朋友用碰巧在马厩里

找到的一点儿劣质醋帮他苏醒过来。老实人又张开了双眼。

"居内贡,她死了!啊!这最完美的世界,到底是怎么回事?她是得了什么病死的?绝不会是眼见我被她的父亲大人踢出了富丽的城堡府邸,因为伤心而死的?"

"不,"邦葛罗斯说道,"她是在遭到很多人蹂躏之后,被保加利亚的士兵们剖开了肚子。他们敲烂了男爵先生的脑袋,因为他想要保护自己的女儿;男爵夫人被他们切成了几块儿;我那可怜的学生也同她妹妹遭遇了同样的对待;至于城堡,他们连一块石头都没有放过,米仓没有了,羊、鸭子、树木,一个不剩。但是我们已经报了仇,因为阿白莱人也到临近一个属于保加利亚爵爷的爵区里还以同样的对待。"

听到这番讲述,老实人又昏了过去。当他苏醒过来,说了他该说的话之后,他开始询问事情的前因后果,以及邦葛罗斯沦落到此般境地的充分的理由。

"唉!"邦葛罗斯说道,"都是因为爱:爱,是人类的慰藉,宇宙的守护,一切敏感生物的灵魂,这温柔之爱。"

"唉!"老实人回说,"我知道这样的爱,那是人心的主宰,我们的灵魂之灵魂;而我体会到的就只是一次亲吻和屁股挨了二十大脚。这美好的因又是怎么给你带来了如此可怕的果呢?"

邦葛罗斯讲述道:"哦,我亲爱的老实人!你记得巴该德(Paquette)吗,就是跟在尊敬的侯爵夫人身边的那个漂亮的女仆,我在她的怀抱中饱尝了天堂般的快乐,这个因就产生了你现在看到的我有如地狱般痛苦的果。她浑身都中了毒,或许现在已经没了命。这份礼物是巴该德从一位十分博学的方济各会教士那里得来的,而他,追究它的根源,是从一位老伯爵夫人那里传来的,伯爵夫人是从一位骑兵军官那里得来的,是一位侯爵夫人传给了骑兵军官,侯爵夫人则传自于一个年轻侍从,小侍从跟随过一位罗马教徒,这位罗马教徒曾经做过见习水手,并结交过克里斯托夫·哥伦布①身边的一个伙计。现在轮到我了,我不会再传给任何人了,因为我就要死了。"

"哦,邦葛罗斯!"老实人叫了起来,"多么奇怪的来龙去脉!它最初的根源可不就是魔鬼吗?"

"并非如此,"这位大先生反驳道,"这是最好的世界里一件必不可少的事情,是不可缺少的作料;因为,假如哥伦布当初没有在美洲的一座岛上染上这病,——它毒害了一代代的根源,甚至通常会妨碍传宗接代,显然与自然的伟大目的背道而驰——,但如此一来,我们就不会拥有巧克力和胭脂虫颜料了。你看看,直到今天,这病也是我们这大陆上所特有的,就像宗教纷争。土耳其人、印度人、波斯人、中国人、暹罗人、日本人对此都毫无所知。不过我们有充分的理由相信,未来的几百年后也会轮到他们经历一遭。与此同时,这病在我们这里可是发展迅猛,特别是在庞大的军队当中,那里全是受训良好、诚实可靠的雇佣兵,手中掌握着国家的命运;可以想见,当三万士兵对阵同样人数的军队作战时,两边差不多都有两万人染上了这种怪病。"

"可真是了不得,"老实人说道,"可你得去治病啊。"

"这又怎么可能呢?"邦葛罗斯答道,"我连一个子儿也没有,我

---

① 克里斯托夫·哥伦布(Christophe Colomb,1451—1506年),意大利航海探险家,新大陆的发现者。——译者

的朋友，在这个世界上，无论走到哪儿，不给钱就别想放个血，或者灌个肠，不然就得有人替你付钱。"

最后这几句话让老实人拿定了主意，他跑去跪倒在仁慈的再浸礼教派教徒雅各的面前，把他的朋友悲惨的境遇描述给他听，还真感动了他，他毫不犹豫地让邦葛罗斯来到自己家中，并请来医生为他治疗。经过医治，邦葛罗斯只是少了一只眼睛和一边耳朵。他下笔有神，对算术也甚是精通。雅各为他提供书籍。两个月后，因为要去里斯本打理贸易上的事务，他将两名哲学家也带上了船。邦葛罗斯为他解释世界怎样成为最好的安排。雅各并不认同。他说："一定是人类搅乱了大自然，因为他们出生时并不是'狼'，却慢慢变成了'狼'。上帝既没给他们二十磅炮弹的大炮，也没有刺刀，可他们却自己造出了大炮和刺刀来自相残杀。我要将破产也算进这笔账里，还有法律上的公正，它夺走破产人的财产用以欺骗债权人。"

"这些都是少不了的，"独眼的博士说道，"个人的不幸促成了普遍的好处；因此，个人的不幸越多，普遍的好处就愈大。"

他正大讲一番道理，天色变得昏暗，狂风从四面八方呼啸而来，船只遭遇了海上最为凶险的风暴，而里斯本的海岸已经视线可及了。

第　五　章

风暴、翻船、地震，以及邦葛罗斯博士、老实人和
再浸礼派教徒雅各的遭遇

　　船身剧烈摇晃，神经和五脏六腑被搅动得翻江倒海，一半的船
客被折磨得痛苦不堪，昏死过去，全无力气再担心眼前的危险；另
一半的船客则叫喊着，祷告着。船帆撕破了，桅杆折断了，船身裂
开了缝。谁能动手就动手，没有人指挥，也没有人听从指挥。再浸
礼教派教徒正在甲板上伸手帮忙，一个野蛮的水手凶暴地给了他
一拳，他便跌倒在船板上。谁知挥出这一拳，水手自己也猛的一个
趔趄，大头朝前跌出船外。一节断裂的桅杆拦住了他的身子，他就
这么悬在半空中。善良的雅各跑上前去搭救，帮忙拉他上来，而这
一用力自己却闪身摔了下去，那水手冷眼旁观救了他命的人自己
送了命，他全然不予理会。老实人跑了过去，眼看着他的救命恩人
从水中浮上来，可不一会儿又被水波吞没，没了踪影。他正想跟着
往海里跳下去，哲学家邦葛罗斯一把拦住了他，还一面向他证明里
斯本的海湾正是老天为了再浸礼派教徒雅各在此淹死而特意形成
的。正当他用演绎法证明自己的理论时，海水涌进了船身。一船
人全部遇难，除了邦葛罗斯、老实人和那位让好心肠的雅各送了命

的野蛮水手；这个无耻之徒幸运地泅水上了岸，邦葛罗斯和老实人则乘着一块木板漂到了岸边。

等他们稍稍恢复了些气力，便朝着里斯本走去。他们身上还剩余些钱，心里盼望着在逃过了风暴之后，能够靠此填饱肚子。

他们刚刚踏上城市的土地，正悲戚着恩人的丧命时，突然感常到地皮在脚下发抖，海水在上涨，淹没了港口，将停靠的船只拍得粉碎。裹挟着火焰和灰烬的龙卷风吞没了街道和公共场所；房屋坍塌了，屋顶的瓦片纷纷掉落，地面裂开了缝，三万男女老少被压在了废墟之中。那位水手，吹着口哨赌咒："这里可有的赚了。"

"这一现象'充分的理由'又是什么呢？"邦葛罗斯说道。

"这就是世界的末日！"老实人叫喊道。

那水手一头扎进废墟之中，在死人堆里搜罗钱财，找到了就往身上揣；有了钱便去买酒，喝得酩酊大醉，再花钱随便找个心甘情愿的姑娘，挤在坍塌房了的废墟里，混在那些将死和已死的尸首间寻欢作乐。邦葛罗斯拉住他的衣袖，"我的朋友，"他说道，"这样可不好，你不顾普遍的理性，你不该挑选这个时候。"

"管他的！"水手回说，"我是个水手，生在巴塔维亚①，我四次到过日本，四次在十字架上踩过去；去你的普遍的理性，找错人了！"

老实人被掉落的石块砸伤，他躺在大街上，窝在灰堆里。他对邦葛罗斯说道："哎呀！给我点儿酒，给我点儿油吧；我快要死了。"

————————————
① 巴塔维亚（Batavia），印度尼西亚首都雅加达的旧称。——译者

"这地震可不是什么新鲜事儿，"邦葛罗斯回答，"去年，美洲的利马城①就经历了同样的震荡；一样的因，同样的果；这地下一定有股硫黄，从利马城一直流到里斯本来了。"

"听上去合情合理，"老实人说，"可是看在上帝的份上，给我点儿油，给我点儿酒吧。"

"什么，合情合理？"哲学家反驳道，"我说的这些可是得到证实的。"

老实人昏死过去，邦葛罗斯从邻近的喷泉给他取了点儿水来。

第二天，他们在灰堆里仔细寻找，找到点儿吃食，填进肚子恢复了一些力气。接着，他们也跟着人们帮扶那些幸存下来的居民。有几位得了他们的帮助，给了他们一顿灾难中最好的晚餐：饭食的确可怜，用饭的人们就着眼泪吃下面包。但邦葛罗斯安慰他们，告诉他们事情只能如此："因为，"他说，"这一切就是顶好的了，假如火山在里斯本，就不可能在其他地方。事情该在哪里就在哪里发生，不可能改变，因为一切就该如此。"

一个穿黑衣的小个子男人——他是宗教裁判所的执法专事——正坐在他的旁边，礼貌地接过话头说道："这位先生，看来您是不相信原罪了，要是世间一切都是最好的，那就不该有堕落与责罚了。"

"我谦卑地请求阁下饶恕，"邦葛罗斯回答道，比他更加恭敬，"因为人的堕落与受罚也必然属于可能的最好的世界。"

"先生，"执法员说道，"这么说您不相信自由了？"

---

①　利马(Lima)，秘鲁首都，在里马克河沿岸。——译者

"阁下还请您原谅,"邦葛罗斯说道,"自由与绝对的必要是一致的:因为我们需要自由,因为,应该说,那确定的意志⋯⋯"

邦葛罗斯话未讲完,执法专事便示意他的听差给他倒了一杯波尔图①酒。

---

① 波尔图(Porto,或 Oporto),葡萄牙北部的港口城市,以盛产葡萄酒而闻名。——译者

第 六 章

人们如何举行了一场隆重的火刑裁判仪式来避免震灾,以及老实人如何挨了顿鞭子

地震摧毁了里斯本城的四分之三,在这之后,为了预防整座城市被摧毁殆尽,举国上下的各路圣贤就只想到组织一次公开且隆重的火刑裁判仪式,除此之外便再无高招。科英布拉①大学决定,找几个人来慢火焚烤,同时举行盛大的仪式,这正是预防震灾的一个灵验的秘方。

于是,他们选中了一个比斯开人,认定他娶了自己的教母;两个葡萄牙人,为的是他们吃鸡肉时将其中的肥肉挑拣了出去。晚饭过后,他们又抓走了邦葛罗斯博士和他的信徒老实人,先生的罪名是宣讲他的道理,而徒弟的罪过则在于带着赞美的神情聆听。两人被各自带去了隔间,异常阴冷,因为从没有阳光闯进来过。过了八天,两人都给穿上了地狱服②,头顶扣上了纸做的高帽:老实人的纸帽和地狱服上画着火苗朝下的火焰,以及既无尾巴也无利爪的魔鬼;而邦葛罗斯的魔鬼们都长着尾巴和利爪,火焰也都是火

---

① 科英布拉(Coïmbre),葡萄牙中部城市。——译者
② san-benito,西班牙语,宗教裁判所给判处火刑者穿的黄色囚服。——译者

苗朝上。他们被穿戴成这副样子拉去巡游,听极度悲怆的誓言,随后是悠扬的教堂歌曲。老实人吃了顿鞭子,一下下都和着唱诗的音节;比斯开人和那两个不肯吃肥肉的葡萄牙人被一把大火烧死了;邦葛罗斯则被绞刑处死,尽管这并非惯例做法。这一天,大地再次惊心动魄地震动了。

老实人惊骇得目瞪口呆,不知所措,他浑身是血,颤抖不已,自言自语道:"假如这真是可能的世界之中最好的一个,其他的世界又会是怎样?若是单单挨顿鞭子,倒也罢了,我在保加利亚人那里早经历过。可是天啊,我亲爱的邦葛罗斯,最伟大的哲学家!我怎能眼睁睁看着你被绞死,却不明白这是为的哪般!哦,我亲爱的再浸礼派教徒,最善良的人儿!难道你就该这么淹死在港口里!哦,居内贡小姐,犹如珍宝,你又怎能叫人家划破了肚子!"

他翻过身,站也站不起来,受了惩罚,挨了鞭打,最后得到赦罪,受了保佑,这时一位老妇人走过来对他说道:"我的孩子,勇敢些,跟我来。"

第 七 章

老妇人如何照料老实人，老实人又是如何与心上人重逢

老实人没有一丝勇气，但跟随那位老妇人走进了一间破屋。她给了他一瓶药膏来涂擦伤口，留下些吃喝的东西；她为他准备了一张干净的小床，床头还预备下一身衣服。

"吃吧，喝吧，睡吧，"她对他说，"我们的阿托加地方的圣母，帕多瓦①地方的圣安东尼，卡帕斯特拉地方的圣雅各会保佑你！我明天再来。"

老实人总是对自己见到的和经受的一切感到吃惊，这位老妇人的慈善更加出乎他的意料，他想要亲吻她的手表示感激。

"你该要亲吻的不是我的手，"老妇人说，"我明天再来。你好好擦药养伤，吃了就去睡吧。"

尽管饱受痛苦，老实人还是吃了便睡。第二天，老妇人为他带来了早饭，看了他背上的伤，又为他涂了另一种药膏；接着，她又送来午饭；晚上，又给他带来了晚饭。到了第三天，还是照旧。

"你是谁?"老实人不停地问，"为何如此好心肠地对我？我该

---

① 帕多瓦(Padoue)，意大利北部城市，1222 年创建的帕多瓦大学是欧洲历史最悠久的大学之一。——译者

如何报答你?"

老妇人却始终只字不答。这天晚上,她再回来的时候,并没有带来晚饭。

"跟我来吧,"她说,"不要说话。"

她扶着他领他在乡间走了约莫一里路,来到了一座孤零零的房子,四周是园圃和水道。老妇人在一扇小门上叩了几下,门开了,她引着老实人,走上一段隐秘的楼梯,随后走进了一间装潢富丽的小屋。她让他在一张锦缎沙发上坐下来,便关上房门出去了。老实人感觉是在梦里,这辈子仿佛都做着可怕的梦,这一刻却十分惬意。

老妇人去不多时便回来了,她费力地搀扶着一位浑身颤抖的女子:她体态庄严,一身珠宝,还罩着面纱。

"去掀开她的面纱吧。"老妇人对老实人说。

年轻人走近她,腼腆地伸手掀起面纱。这是怎样的时刻啊!多么惊奇!他相信自己见着的是居内贡小姐了,他真的见到她了,可不就是她吗!他浑身没了力气,一句话也说不出来,瘫软跌倒在她的脚前。居内贡则一屁股跌坐在沙发上,老妇人拿来嗅瓶给俩人解晕,他们这才清醒过来,互相说起了话。先是断断续续地对话,一个问话,一个回答,中间夹杂着叹息,落泪,哭泣。老妇人提醒他们小些声音,便转身离开,留下两人独处。

"什么!是你吗?"老实人说,"你还活着!我在葡萄牙又找到你了!那么,你并没有遭到强暴?并没有叫人家剖开肚子?根本不像邦葛罗斯对我讲的那样,对吗?"

"那些都是真的,"美丽的居内贡回答,"但那两件事并没有要了我的命。"

"可是你的爹妈都给杀死了没有？"

"可不是，他们都被杀死了。"居内贡一边说着，一边落下泪来。

"那你的哥哥呢？"

"我的哥哥也被杀死了。"

"那么你为何会在葡萄牙？你又是怎么知道我也在这里？把我带到这儿来你是费了怎样一番周折啊？"

"我会告诉你这一切的，"她说道，"但是先来讲一讲你的故事，在你无辜地亲了我一口，被踢出家门以后的所有遭遇。"

老实人恭敬地遵命，虽然他还有几分迷惑，虽然他的声音还十分虚弱发颤，虽然他的脊梁还一阵阵地发疼，但他还是一五一十地讲述了自打两人分开之后所有的遭遇。居内贡抬起一双眼睛仰望着天，听到再浸礼派教徒和邦葛罗斯惨死时眼泪直流。随后她向老实人讲述了自己的经历，老实人一字不漏地听着，大睁着双眼仿佛要把她都装进眼里去。

第 八 章

居内贡的经历

"当那回上帝的意旨派保加利亚人来到我们森特-登-脱龙克男爵那美丽的城堡时,我正在床上沉沉地睡着,他们刺死了我的父亲和哥哥,又把我的母亲切成了块。一个大个子的保加利亚人,有六尺高吧,见我已经被这场景吓晕过去,就过来对我下手;我被惊醒了,明白了这是怎么一回事,便开始大哭、挣扎,用嘴咬,用手挠,我真想一把挖出那高个儿保加利亚人的眼珠,哪里知道发生在父亲城堡里的这一切不过是打仗中常见的情形。那野人一怒之下在我的左腰一刀刺开了口,现在还留着伤疤呢。"

"天啊,我真希望看一眼那伤疤。"天真的老实人说。

"你会看到的,"居内贡说,"让我们先讲完。"

"接着说吧。"老实人说。

她接着讲述她的故事:"一个保加利亚军官进来了,见我浑身是血,而那个高个儿的野蛮士兵还不管不顾地干他的事儿,军官气极了,一刀下去,就把那士兵刺死在我的身上。然后,他叫人为我包扎伤口,又把我带到他的营地。我为他浆洗不多的几件衬衣,为他做饭。他觉得我美极了,这一点我也承认;而我也不能否认他的长相出众,皮肤又细又白。可是,他简直没什么思想,对哲学一窍不通,一眼就看得出来,他没接受过邦葛罗斯大博士的教育。才三个月的光景,他的钱花光了,对我也生了厌烦,便转手把我卖给了一个犹太人,那人叫唐·伊萨加(don Issachar),在荷兰和葡萄牙做些生意,对女人尤其痴迷。这个犹太人爱死我这个人了,可他就是征服不了我,我反抗他比当初反抗那保加利亚士兵还要厉害,一个有贞洁的女人可以被强暴一次,但她的品德会更加坚固。那个犹太人为了讨我欢心,带我来到了这座乡下的屋子。我一直都认为森特-登-脱龙克府邸无处可比,可是来到这里,我才发现我错了。

"教会里的大法官有一天在做弥撒时见到了我,一个劲儿地盯着我看,又派人来说有秘密的事情要同我讲。随后,我被领到了他的官邸,对他讲述了我的身世。他对我解释说,跟着个以色列人多么有失我尊贵的身份。他向唐·伊萨加建议,把我转送给他。唐·伊萨加借钱给皇宫,也是讲信用之人,哪里肯照此去做。大法官便威胁他,说要举行火刑判决仪式来给他些颜色。最终,我的犹太主人怕了,商量将这座房子和我作为两人共有的财产:犹太人在每个礼拜一、三、六占有,而其余的时间则归大法官所有。这一约定已经执行六个月了。也不是没有过争吵;因为经常不能确定从礼拜六到礼拜日的那一晚是按照旧法还是新法计算。而我呢,直到现在,谁都没能攻破我的防线,我想或许也正是因为这一点,他们两边都还爱我。

"最后,为了止住地震的灾祸,顺便吓唬情敌唐·伊萨加,大法官大人举行了一次火刑判决仪式。我也荣幸地被邀请观看,我坐的位置十分有利。女宾们在弥撒过后、行刑之前还有茶点吃。我真是吓得不得了，眼看着那两个犹太人被活活烧死，还有那个老实的比斯开人，罪过就是娶了自己的教母。然而，当我看到一个身穿地狱服，头戴纸帽的人像是邦葛罗斯时，我心里的那个惊讶、害怕、慌乱啊，简直无法言说！我揉揉眼，定睛细看，当我看到他被活活绞死时，顿时晕了过去。刚刚缓过神来，我又看到了你，被人扒得精光，我的那个难过、惶恐、痛苦、绝望啊，更是雪上加霜。我说真的，你的皮肤那个白，色泽那个润，真要比我那保加利亚军官更胜一筹。亲眼一见简直让我兴奋不已，难以自持。我想冲他们大声叫嚷：'住手，你们这些野蛮之徒！'可我的声音却发不出来，何况再叫喊又有什么用。看到你挨了顿皮鞭，我心中不解，'这是怎么一回事，我心爱的老实人和智慧的邦葛罗斯怎么会在里斯本，一个挨了一百皮鞭，另一个被活活绞死，而这些正是奉了那迷恋着我的大法官的命令？'如此一来，邦葛罗斯所说的'一切都是最好的安排'，简直就是一个残忍的谎言啊！

　　"我心急如焚，心意烦乱，一时像要失去理智，一时又想顺势瘫软死去。我满脑子转来转去的都是父母和哥哥惨遭杀害，那丑陋的保加利亚大兵对我的强暴，他刺我的那一刀，我在他那里受到奴役，沦为厨娘，我的保加利亚军官，我那卑鄙的唐·伊萨加，那可恨的大法官，大博士邦葛罗斯的惨死，你叫人打得皮开肉绽，尤其是我们分开之前在屏风后面我给你的那一吻。我赞美上帝，虽然受尽了折磨，他又把你带回到我的面前。我托付那位老妇人去照料你，并在你好一些的时候带你过来见我。她处理得妥妥当当。再次见到你，听到你的声音，和你说话，让我尝到了无以言表的快乐。你一定饿坏了吧，我可是饿瘪了，我们吃晚饭吧。"

两人坐到餐桌前,吃过了晚饭,又一同坐在精美的长沙发上。他们正坐在那里说着话,房子的主人之一唐·伊萨加到了。这天正是犹太人的休息日,他是回来享受自己的权利,表明深情爱意来了。

第 九 章

居内贡、老实人、大法官和犹太人的下落

这位伊萨加先生可是以色列脾气最暴躁的一位希伯来人了，自打在巴比伦被俘以来便一直如此。"什么！"他说，"你这加利利①的狗女人，一个大法官还不够么？这个混蛋也来和我分不成？"说着，他抽出了整日带在身边的那柄长刀，心想他的对手是没有武器的，便直冲老实人扑了上来。然而，我们这位诚实的威斯特伐利亚人正巧揣着一把漂亮的剑，是老妇人在给他整套衣服时并留下的。他抽出了利剑，别看他生性一向温柔，这一出手便让那以色列人应声毙命，直挺挺倒在了居内贡的脚边。

"圣母啊！"她大叫起来，"这可怎么办？在我的屋里杀了人！法官一来，我们就全完蛋了。"

"要是邦葛罗斯没被绞死的话，"老实人说道，"他定会替我们出主意解围，因为他可是位高明的哲学家。可惜他不在了，咱们听听那位妇人有何建议。"

她行事谨慎又小心，正当她说着建议时，另一扇小门忽地打开了。已是子夜一点，时间进入了礼拜天。这一天正该轮到大法官

---

① 加利利是异教徒对基督徒的指称。——译者

了。他一进屋，便看到那个吃了顿鞭刑的老实人，手里握着剑，地上还躺着个死人，居内贡一脸慌张，老妇人正出谋献策。

就在这当口儿，老实人脑子里转着的念头和推理是："要是这位高尚的先生喊人进来，他定是会下令把我扔进火堆，居内贡也逃不了同样的下场；他已经让我挨了顿苦肉鞭刑；他还是我的情敌；我刚刚杀了一个，不如就再多这一个。"如此的一番道理来得既清晰又迅速，不等大法官回过神来，他便将他一通乱刺之后，扔到那犹太人的身边。

"这可好，又是一个！"居内贡说着，"这回可是不得饶恕了，我们都会被教会摒弃，我们的末日到了！你怎么做得出来？你原来那么温和，却在两分钟内就杀死了一个犹太人，还有一个教士！"

"我美丽的小姐，"老实人回答，"一个人要是陷入了爱里，起了妒心，还遭过大法官一顿毒打，还有什么事做不出来的。"

这时老妇人开口了，她说道："马厩里有三匹安达卢西亚大马，鞍辔都备齐了。勇敢的老实人快去准备，夫人有的是金币和珠宝，咱们赶紧上马吧，尽管我只能侧着半拉屁股坐，我们逃到加的斯①去，那里有这世上最宜人的天气，趁着夜晚凉爽赶路也是顶惬意的事了。"

老实人给三匹马上好了马鞍，便立即同居内贡和老妇人一同上路了，一口气跑出去三十里路。正当他们一路走远之时，神圣的城市同盟②冲进了屋子，大法官被安葬在一座漂亮的教堂里，而伊

_____

① 加的斯（Cadix），西班牙南部港口。——译者
② 13世纪在西班牙创建的行使警察职能或防御入侵的组织。——译者

萨加则被扔在垃圾堆旁。

　　老实人、居内贡和老妇人不久便来到了阿瓦及那小城，小城坐落于莫雷纳①群山的山窝里；他们在一家小客店里说了下面的话。

---

　　①　莫雷纳(Sierra-Morena)，位于西班牙南部的山脉。——译者

第 十 章

老实人、居内贡和老妇人怎样狼狈不堪地抵达加的斯，并登上了船

"谁把我的金币和珠宝全偷走了？"居内贡哭着说道，"我们可怎么活下去啊？该怎么办才好？哪里还有大法官和犹太人再供给我？"

"啊呀！"老妇人说，"昨晚在巴达若斯，有一个方济各会神父和咱们住进了同一家客栈，我怀疑就是他干的；上帝作证，我不会冤枉好人！可是他到咱们房间来了两次，又赶在咱们之前很早就离开了客栈。"

"啊！"老实人说，"善良的邦葛罗斯总是向我证明，世上的财富归所有人共有，人人有权平等享用。照此原则，这位方济各会的神父总该留下一些，够我们走完剩下的路啊。我的美人儿居内贡，你真的什么都不剩了？"

"一个子儿①也没有了。"她回答。

"那可如何是好啊？"老实人说道。

"卖掉一匹马吧，"老妇人说，"我可以坐在姑娘的身后，虽然只能坐着半拉屁股，不过我们就快到加的斯了。"

---

① Maravédis，西班牙 1848 年前流通的小铜钱。——译者

与他们同住这家客栈的有一个本笃会修士，出低价买下了他们的马。老实人、居内贡和老妇人一路途径卢塞纳、齐拉斯、莱勃立克沙，最后到达了加的斯。那里正在装备舰船，集结军队，预备去讨伐巴拉圭的耶稣会神父，罪名正是煽动圣萨克孟德城附近的一个部落反叛西班牙和葡萄牙国王。老实人曾在保加利亚军队服役，便在这支小军队的将领面前卖弄了一番学来的本事，那叫一个机智从容、敏捷灵活、自信满腔，于是得到了一个统领步兵的差事。这下他也变身成了军官，带着居内贡小姐、老妇人、两名随从，还有那两匹安达卢西亚大马——原本是葡萄牙大法官先生的私产——登上了船。

一路上，他们大肆讨论着可怜的邦葛罗斯的哲学。

"我们将去到另一番天地里，"老实人说，"毫无疑问，那里一切安好：因为必须承认在这里，我们无论肉体还是精神上所经历的一切都大可悲叹。"

"我整颗心都爱着你，"居内贡说，"可是想起我看到的、经历过的事情，我的灵魂就战栗不已。"

"一切都会好的，"老实人辩驳到，"新世界的大海已经好过我们欧洲的海了，更加平静，风浪也平稳许多。毫无疑问，新世界才是可能的最好的世界。"

"上帝之意！"居内贡说，"可是我在我那世界里已经遭受了可怕的不幸，我的心几乎不敢再存有希望了。"

"你们还抱怨，"老妇人开口说道，"啊呀！你们可不知道我都遭遇了怎样的不幸。"

居内贡几乎笑了出来，心想这老太婆真是可笑，竟说自己才更加不幸。

"啊!"她说,"我的好姆妈,除非你曾叫两个保加利亚人强暴过,除非你也在肚子上挨过两刀,除非你家的城堡叫人踏平了两座,除非你眼睁睁看着自己的爹妈被割断喉咙,除非你目睹两个心上人在火刑裁判仪式上挨鞭子,我真看不出你还会比我的遭遇更惨;再加上我还是一个男爵的女儿,家族中有七十二位贵族,却还去给人家当了厨娘。"

"姑娘,"老妇人答,"你可不知道我的出身,我要是讲出我的经历,你就不会这样说了,你准会收回你下的结论。"

这番话引起了居内贡和老实人十二分的好奇,接下来,老妇人就讲给他们听。

第 十 一 章

老妇人的故事

"我原本可不是这副满眼皱纹、眼皮红肿的模样,我的鼻子并不是老贴着下巴,我也不是一直伺候人的。我的父亲是罗马教皇乌尔班十世(Urbain X),母亲是帕莱斯特里娜(Palestrine)公主。我在皇宫里长大,直到 14 岁,那皇宫可是所有你们德国男爵的城堡充当马厩都不配的;我的一条裙子,要比威斯特伐利亚全省的财宝更值钱。我一边长大,我的美貌、优雅和才华也随之增加,我被快乐、尊敬和希望围绕着。我已经出落得让人恋慕;我的脖颈成型了,多么美的脖子!雪白,挺拔,简直和梅第奇的维纳斯(Vénus de Médicis)一个样儿。还有那么美的眼眸!那么俏的眼皮!那么乌黑的眉毛!我的双眸散发出怎样的光芒啊,闪亮的星辰都自愧黯淡了!——我们那里的诗人就是这样对我说的。服侍我更衣的女仆从身前和背后看着我的时候都禁不住着迷;男人们更是恨不得取代她们的位置。

"我与一位马萨-卡拉拉省的王太子订了婚约。这是怎样的一位王子啊!也和我一样容貌俊美,温和风趣,还谈吐出众,整个人散发着爱的光芒。我情窦初开,神魂颠倒地迷恋他。婚礼已经准备就绪：那盛况，那奢华，都是前所未有的；有种种庆祝的典礼，游行，接连不断的堂戏；全意大利的诗人都为我创作十四行诗，可没有一首我看得上。我就要开启幸福生活了，却偏偏出了岔子：一个上了年纪的伯爵夫人，我那位王子的旧情人，请他去喝可可茶，还不到两个钟头的光景，他便可怕地浑身抽搐着死掉了。然而这还没什么大不了的。我的母亲虽大失所望，倒并不像我那么伤心欲绝，她想要四处走走散散心。她在加埃塔有一处很好的产业。我们登上了一艘大船，那船周身镶金，简直比得上罗马圣彼得大教堂（Saint-Pierre de Rome）的神座。一艘塞拉①的海盗船追过来，追上了我们的船。我们的士兵就像教皇的士兵：他们全都以丢掉武器，就地下跪，就像临死前祈求上帝宽恕一般请求海盗们饶命作为抵抗。

　　"不多一会儿，我们的士兵就被他们剥得像猴子一样精光，我的母亲，我们的侍女，还有我自己也无一例外。那些先生们剥掉人们衣服的技艺实在精湛，让人惊叹。可更让我吃惊的是，他们用手指伸进我们身体的那个地方，那里通常除了插管是不许伸进任何东西的。这样的仪式在我看来古怪极了，没见过世面就会这样判断。很快我就明白了，这样做是为了看看我们是否在那儿藏了钻石和珠宝：这是海上那些文明民族长久以来的习惯做法。我听说马耳他信教的骑士先生们每逢抓获土耳其囚犯，不论男女，总不忘这番检查。这是人类权利的规律，谁也不曾违背。

　　"至于年轻的公主和她的亲娘被抓去摩洛哥，又沦为奴隶，是

----

　　①　塞拉（Salé），摩洛哥城市，位于拉巴特郊区。——译者

何等的艰难痛苦，我就不细说了。我们在那海盗船上的遭遇就先够你们受的了。我娘还风韵犹存，我们那些侍女，甚至女仆，也个个模样迷人，整个非洲都无人能比。至于我自己，更是令人心仪，貌美可人，优雅脱俗，况且我还是个未出阁的闺秀。而这很快便保不住了：我这一朵鲜花，本是留给马萨-卡拉拉省英俊的王子的，却被那强盗头子给抢夺了去。他是个令人恶心的黑鬼，还自以为是他抬举了我。我的亲娘，帕莱斯特里娜公主，还有我自己也是足够坚强，才熬过了一路上所受的煎熬，到达了摩洛哥！算了，不说这段了，都是些稀松平常的事情，不值一提。

"我们抵达摩洛哥时，那里正血流成河。米莱·伊斯梅尔（Mulei Ismael）皇帝的五十个儿子每个人自成一党，结果是五十派之间的混战，黑鬼和黑鬼打，黑鬼和棕鬼打，棕鬼和棕鬼打，黑白混血的互相打：帝国处处，都是不间断的血腥杀戮。

"刚刚上岸，我们那船主的一群反对派黑鬼就上来抢夺他的战利品。钻石和金子之外，我们这些女人就成了最抢手的财富。我亲眼见识了一场打斗，野蛮程度是你们在欧洲的气候里无从想象的：北方民族的血液没那么热烈，他们对于女人不像在非洲那么狂热。就好像你们欧洲人血管里流淌的是奶汁，而阿特拉斯山和邻近国家的民族身体里流动的则是硫酸，是烈火。为了决定我们的归属，他们相互争斗，凶猛得就像是当地的那些狮子、老虎和毒蛇。一个摩尔人①抓住我那亲娘的右臂，船长的副手则扼紧她的左臂，一个摩尔士兵拽住她的一条腿，而她的另一条腿被我们船上的一

---

① Maure，古罗马和中世纪的柏柏尔人的别称。——译者

个海贼扯住不放。我的那些姑娘们几乎全都被这群兵贼们四人一伙地拉扯着。我那船主把我藏在他的身后，手握一把弯刀，谁上来抢夺就将他一刀干掉。末了，我就眼睁睁地看着我们的意大利姑娘们，还有我的亲娘被那群撕扯争夺的恶魔们给撕烂了，剐分了，残害了，一个不剩。船上的奴隶，我的同伴们，把我们逮住的士兵、水手，黑的、棕的、白的、黑白混杂的，以及我那船主，统统给杀了个光，我混在这死人堆里，奄奄一息。要知道，同样的场景在方圆三百多里①内可是家常便饭，而他们还没忘记按照穆罕默德②的规定一日做五次祷告。

　　"我好不容易才从鲜血横流的死尸堆里挣扎出来，爬到邻近小河边的一棵大柑橘树下，惊吓、疲惫、恐慌、失望、饥饿，一起压得我昏死过去。不一会儿，我便全没了知觉，晕沉沉地睡着了，其实那是昏了过去，并不是休息。我正陷在这半死不活虚弱无知的状态里，忽然感到有什么东西压在我的身上，拱来拱去。我睁开眼睛，只见一个白人，气色不错，正叹着气，从牙缝里挤出一句：真够倒霉，我偏偏是个阉人！"

---

① 法国古里，一古里约合四公里。——译者
② 穆罕默德（Mahomet，570—632），伊斯兰教创始人。——译者

第 十 二 章

老妇人继续讲述她的不幸遭遇

"听到本乡人的口音,我真是又惊又喜,这男人的一番话也让我吃惊,我对他说有许多不幸都比他抱怨的这一种要悲惨得多。我长话短说地对他讲述了我的遭遇,便又虚弱地瘫软在地上。他将我抱到邻近的一座房子里,把我放在床上,给我吃东西,伺候我,安慰我,恭维我,说他从没见过像我这么美丽的女人,而他好生遗憾那谁也无法为他恢复的能力。

"'我出生在那不勒斯',他说,'那里每年都会阉割两三千名儿童,有些因此丢了性命,有些嗓音会变得比女人还要动听,还有的会去管理国家。我被阉割算是大成功了,在帕莱斯特里娜公主的小礼拜堂里做了乐手。'

"那是我的母亲!"我大声叫道。

"'是你的母亲!'他叫出了声,泪涌出来。'怎么!你就是我从小陪着长到了6岁的小公主?那时就看得出你将来一定是个美人儿!'

"正是我,我的母亲却躺在不到半里地之外的死人堆里,已经被拽成了四块……

"我给他讲述了一路来的经历；他也把他的故事说给我听。他是被欧洲一个基督教强国派去摩洛哥与其国王订立合约的，依据合约将向其提供火药、大炮和战船，来帮助它摧毁其他基督教国家的商业。'我的使命完成了，'这个忠厚的阉人说道，'我的船将驶去休达①，我可以带你回意大利。'

"我感动得热泪盈眶，连连道谢。可他并没有把我带回意大利，而是领去了阿尔及尔，卖给了那里的摄政官代②。我才刚被卖到那里，那场席卷了非洲、亚洲和欧洲的瘟疫便在阿尔及尔穷凶极恶地爆发了。你见过地震，可是姑娘，你可曾亲历瘟疫的肆虐。"

"从没有过。"男爵女儿回答。

"你要是经历过，"老妇人说，"你就会承认那要远远超过震灾。这在非洲随处可见，我就染上了。你想想看，我这么一位教皇的女儿沦落到了怎样的境地啊：我年方 15，才不过三个月的光景，就变得一无所有，沦为奴隶，几乎天天被糟蹋，眼睁睁看着自己的母亲被分成四块，尝尽了饥饿和战争的苦，又在阿尔及尔染上了疫病快要死去！但我并没有就这样死去，而那阉人，那摄政官，还有在阿尔及尔几乎所有的随从侍女却无一幸免。

"这场骇人的疫情最初的肆虐才刚刚过去，摄政官的奴隶就被一卖而光。一位商人买下了我，带着我来到突尼斯；他又把我卖给了另一个商人，而这个商人又将我卖到了的黎波里③；接着，从的

---

① 休达(Ceuta)，港口城市，位于摩洛哥北端直布罗陀海峡。——译者
② 代(Dey)，1671—1830 年间由土耳其禁卫军军官中选出的阿尔及尔首席摄政的头衔。——译者
③ 的黎波里(Tripoli)，利比亚首都，地处俯瞰地中海的海岬上。——译者

黎波里到亚历山大港①，从亚历山大港到士麦那②，从士麦那到伊斯坦布尔③，我被一次又一次地转手贩卖。最后，我归了土耳其人近卫军的一个阿加④，他不久就被派去守卫被俄国人包围的亚速。

"这个阿加是个风流官儿，把他后宫的所有妻妾全带了去，安顿在亚速海⑤一个小要塞，让两个阉割的黑鬼和二十个大兵看守着。土耳其人杀死了大批俄国人，俄国人反过来也报了仇。亚速陷入一片火海，到处血流成河，男女老少，他们全不放过。最后只剩下我们这个小堡垒了，敌人打算让我们活活饿死。负责守卫的那二十个土耳其士兵发誓死不投降。最后他们饿极了，又怕食言，就把那两个黑阉鬼分着吃掉了。又过了几天，他们决定要吃女人了。

"我们有一个极为虔诚又极为善良的伊玛目⑥，对这群人做了一番极好的讲道，劝他们不要将我们完全杀掉。

"'只砍掉这些女人每人半拉屁股，'他说，'就足够你们吃得饱饱的；若是还要再来，过不了几天就又会有同样多的。老天定会赞赏你们的慈善举动，你们就得救了。'

"他口才极好，劝服了他们，他们果真残忍地割掉了我们半拉

---

① 亚历山大港(Alexandrie)，埃及港口，位于尼罗河河口以西。——译者

② 士麦那(Smyrne)，土耳其港口城市伊兹密尔的旧称。——译者

③ 伊斯坦布尔(détroit de Constantinople)，伊斯坦布尔(海峡)，博斯普鲁斯海峡的旧称。——译者

④ 阿加(Aga)，古代土耳其宫廷中的高级军官，1962 年前阿尔及利亚的高级官吏。——译者

⑤ 亚速海(Palus-Méotides)，Mer d'Azov 的古称，南俄罗斯与乌克兰之间的内陆海。——译者

⑥ imam，iman，指某些伊斯兰教国家元首或伊斯兰教教长。——译者

屁股。伊玛目拿出给行完割礼的孩子使用的药膏，为我们涂抹。我们都差点儿丧命。

"土耳其近卫队的士兵们刚刚吃下了我们提供的这顿美味，俄国兵的平底船就开进来了，一个土耳其兵都没能逃脱。俄国人才不管我们的狼狈样儿。幸好随处都有法国来的外科医生，其中一位医术高明，帮我们治疗创伤，把我们全治好了。我这辈子都忘不了这个法国医生，在我的伤口愈合了之后，他向我求婚。至少，他劝我们大家不要难过，还说在好多的要害地，都发生过同样的事情，这是打仗的规律。

"我的女伴们刚能走路，就被他们带到莫斯科去了。我被派给了一个沙俄贵族①，替他照看花园，他每天都会打我二十皮鞭。然而两年后，这位爵爷连同其他三十个贵族全因为宫廷斗争被处以车轮刑而死，我便借机逃了出来。我踏遍俄国各地，做了很长时间的酒肆侍女，先是在里加②，后来又到了罗斯托克③，维斯马尔，利普西克，卡塞勒，乌德勒支④，莱德，海牙，鹿特丹。我在苦难和耻辱中渐渐老去，只剩下半拉屁股，常常想起我曾是教皇女儿的那些日子。我有一百次都想要自杀，可我还是眷恋着生活。这个可笑的弱点或许是我们人类最致命的贪念：总想甩到地上的负担，却依旧抱着不肯放手；对自己的境遇满心怨恨，却还是执着地活着；最后怀里揣着毒蛇还要轻轻抚摸，直到它把我们的心啃噬得精光。

---

① Boïar，boyard(俄)，沙俄时代的特权贵族。——译者
② 里加(Riga)，拉脱维亚首都。——译者
③ 罗斯托克(Rostock)，德国港市，位于德国东北部，瓦尔诺河口。——译者
④ 乌德勒支(Utrecht)，荷兰城市。——译者

还有什么比这些更愚蠢的？

　　"就在命运带着我走过的那些国家和我当过侍女的客栈里，我见过无数的人憎恨自己生活，却只见到其中有十二个心甘情愿结束了这样的处境：三个黑鬼，四个英国佬，四个日内瓦人，和一个名叫罗贝克的德国教授。最后，我做了那犹太人唐·伊萨加的女仆，就是他叫我来伺候你的，我美丽的姑娘。我忠心耿耿地跟随在你身边，我对你的经历比对我自己的还要在意。要不是你的话有些气着了我，再加上也还有在船上讲故事打发时间的习惯，我可不会跟你讲我的这些不幸。说到底，我的小姐，我经过世事，了解世界是个怎么回事。你可以自己找个乐儿，让船上的人都给你讲讲他的故事，倘若有谁不是常常诅咒自己的生活，有谁不是常常认定自己才是世界上最不幸的那一个，你就把我这老婆子大头朝下扔进海里去。"

第 十 三 章

老实人为何被迫离开了居内贡和老妇人

美丽的居内贡听完老妇人的故事,对她表示出了她的身份与经历所应得的全部礼貌。她采纳了老妇人的提议,请求同船的客人们逐个来给她讲述自己的经历。听罢,她和老实人都承认,老妇人的确言之有理。

"真是可惜,"老实人说,"圣贤的邦葛罗斯在火刑裁判仪式上被绞死了,这多么不合常规,要是他还在,就会把这世界上肉体的恶与精神的恶对我们进行一番美妙的讲解,我也会恭恭敬敬地大胆向他提出几点疑问。"

一边船客们讲述自己的故事,一边船继续向前行驶。他们在布宜诺斯艾利斯上了岸。居内贡、老实人船长同那老妇人一道前去拜访统辖瓦拉特、菲格奥拉、马斯卡雷纳斯、兰普度斯和索萨五处领地的总督唐·费尔南多。这位贵族一副傲慢样儿,正与他那一长串的头衔相称。他同人说话,满是高高在上的蔑视,鼻孔朝着天,大着嗓门儿嚷嚷,口气强硬不容置疑,迈起步来高傲不可一世。谁同他打个招呼,看到这副模样,都恨不能上去揍他一顿。他痴狂迷恋女人。在他眼里,居内贡的美貌简直前所未见。他一见面就

上前询问她可是船长的夫人。看他问话的神情,老实人警觉起来,
他不敢说她是自己的夫人,因为她的确还根本不是;他也不敢说她
是自己的妹妹,因为这也并非事实;尽管这种好意编造的谎言在我
们古老的祖先那里已十分流行,现代人也常常拿来使用,可他的心
灵太纯净了,无法违背事实。

"居内贡小姐将下嫁于我,"他说,"我们正想请省长大人尊驾
为我们主婚呢。"

统辖瓦拉特、菲格奥拉、马斯卡雷纳斯、兰普度斯和索萨五处
领地的总督唐·费尔南多扬起他的小胡子,讥讽地笑了笑,便吩咐
老实人船长前去检查他的队伍。老实人奉命离开,总督大人同居
内贡小姐留了下来。他对她表白了爱慕之情,保证第二天就可以
去教堂成婚,或者随她所愿,怎样都好。居内贡请求一刻钟的时间
静下心来想一想,她要去问问老妇人,再做决定。

老妇人对居内贡说:"姑娘,你的家族有七十二位贵族,可是一
个子儿也没有了。现在你就能成为南美洲最大贵族的夫人了,何
况他还顶着副漂亮的小胡子。你难道还要炫耀你那坚定不移的忠
贞吗? 你先是被保加利亚大兵糟蹋过,接着又让一个犹太人和一
个大法官享受了你的温柔优雅;命不好便没的可挑。我要是在你
的位置上,我会毫不犹豫地嫁给总督大人,也让老实人船长发点儿
财。"正当老妇人凭借年龄和阅历赋予她的谨慎说着这套词儿时,
一只小船驶进了港口,船上是一名法官和他的差役。事情是这么
个经过:

老妇人猜得不错,在巴达若斯城时,正是一个四处游荡的僧侣
在居内贡和老实人匆忙逃走时偷走了她的金银珠宝。这僧人想把

当中的几件首饰卖给一个珠宝商,那珠宝商一见便认出珠宝都是大法官的。在被绞死之前,那游僧承认:珠宝是他偷来的,他供认出了从什么人那里偷的,以及那一干人等往哪里走了。居内贡和老实人的逃跑昭然于世。他们追到了加的斯,接着一刻也不耽搁地找了条船继续追踪。就这会儿,船已经驶进了布宜诺斯艾利斯的港口。大家互相传着话说有位法官马上登岸了,他要来追查杀害大法官的凶手。行事谨慎的老妇人见势便知如何是好。"你是逃不掉的,"她对居内贡说,"你不用害怕,杀死大法官的人并不是你;再说总督大人那么爱你,绝不会让你受委屈,你就留在这儿。"

她又跑去找老实人:"快逃命吧,"她说,"不然过上一个钟点你就会被烧死的。"

一刻也不能耽搁,可他怎么舍得离开居内贡,又该躲到哪里去呢?

第 十 四 章

老实人与加刚菩如何被巴拉圭基督教徒收留

老实人从加的斯带来了一个贴身仆人，是在西班牙海岸和殖民地一带多能碰到的那一类。他有四分之一的西班牙血统，父亲是图库曼①的一个杂种。他做过唱诗班歌童、圣器保管员，也当过船员、僧人、投递员、大兵和仆从。他名叫加刚菩（Cacambo），忠诚地敬爱他的主人，因为他的主人可是个大好人。他很快便将两匹安达卢西亚大马套好了鞍子。

"走吧，我的主人，就听从老妇人的话吧。我们这就出发，往前跑，别回头。"

老实人流下了眼泪："哦，我亲爱的居内贡！总督先生就要给我们主持婚礼了，难道我真要丢下你跑吗？居内贡，你那么远地被带到这儿来，可怎么办好呢？"

"她总会有办法的；"加刚菩说，"女人们永远不会一筹莫展；上帝会帮助她们；咱们快跑吧。"

"你要带我去哪儿？我们跑到哪里去呢？没有了居内贡，我们可如何是好？"老实人说道。

---

① 图库曼（Tucuman），阿根廷西北部一省。——译者

"圣人庇佑，"加刚菩说，"你本是去向耶稣会会士开战的，我们就去帮他们打吧。我认路，这就带你找他们去，他们来了你这么位军官，又熟悉保加利亚的打法，一定高兴着呢。你可有大财发了：东边不亮西边亮啊，这儿不行，咱们就去别处试试。见点儿新世面，也干点儿新鲜事儿，那才有意思呢。"

"那么说，你是去过巴拉圭了？"老实人问道。

"噢，当然！"加刚菩说，"我在圣母学院做学问，我可了解那些神父们的政府，就跟我了解加的斯的街道一个样。那政府可真是不错。他们那儿方圆三百多里，分作三十个省。什么都归神父们，百姓们一无所有。这是理性与公正的杰作。在我看来，这些神父可真是神明至极，他们在这边向西班牙和葡萄牙国王开战，在欧洲那边又接受他们的忏悔；在这里杀死西班牙人，在马德里又送他们升天；我想着就兴奋，咱们快赶路吧。你将成为那最幸福的一个。那些神父要是看到来了这么一位精通保加利亚兵法的军官，别提得多高兴了！"

他们刚来到了第一道城门，加刚菩便对前哨士兵说有一位军官求见司令大人。消息汇报给卫队本部。随后，一名巴拉圭军官跑去跪在总司令面前向他报告。老实人和加刚菩先是被卸掉了武装，他们的两匹安达卢西亚马也被扣了下来。这两位外来者由两队士兵引着来到司令官面前，司令官站在列队的尽头迎接，头上顶着个三角帽，袍子的一边儿撩了起来，腰间挂着一把剑，手里握一只短矛。他一个手势，便有二十四名士兵冲上前将两名来访者团团围住。一名中士告诉他们得继续候着，司令官还不能同他们讲话，因为教省神父不在场时，任何西班牙人不得开口说话，而且在本国逗留的时间也不能超过三个钟点。

"那教省神父在哪儿呢?"加刚菩问道。

"他做完礼拜巡行去了,"中士回答,"你们想要亲着他的马刺还得等上三个钟头。"

"可是,"加刚菩说,"这位队长并不是西班牙人,他是德国人,我们都快要饿死了。可否让我们先吃点儿午饭,再一边等候。"

中士跑去向司令官转述了这番话。

"感谢上帝!"司令官说道,"既然他是德国人,那我可以同他讲话了,快把他带到我的亭子里去。"

老实人随即被带到了一座绿荫遮蔽的凉亭里,四周装饰着美轮美奂的绿色和金色的大理石柱,悬挂着漂亮的格子笼,里面养着鹦鹉、蜂鸟、珠鸡,还有各种珍稀的小鸟。丰盛的午饭全盛在金制的容器里。正当巴拉圭的人们在大日头下的田间地头用木质大碗吃着玉米饭时,神父司令迈步走了进来。

这是个面容俊美的年轻人,他脸庞饱满,肤色白皙,面色红润,眉毛上扬,目光炯炯,双耳赤红,朱砂红唇;他眉目之间神情威武,但既不如西班牙人那般,也不同耶稣会会士一样。他们将扣押的武器归还给老实人和加刚菩,两匹安达卢西亚马也如数退还。加刚菩在亭子边拿麦草喂马,眼睛瞄着这边,防备着有什么意外发生。

老实人先是跪下亲吻了司令大人的衣角,接着他们一起坐到桌前。

"这么说你是德国人?"耶稣会会士用德语问道。

"是的,神父大人。"老实人回答。

　　一边说着这些话，两人你看着我，我看着你，都惊诧不已，抑制不住地十分感动。

　　"那么是德国的什么地区呢？"耶稣会会士问道。

　　"就是那又脏又乱的威斯特伐利亚，"老实人回答，"我出生在森特-登-脱龙克爵府。"

　　"哦，天呐！这是真的吗！"司令叫到。

　　"多么奇妙啊！"老实人也叫到。

　　"真的是你？"司令说。

　　"这怎么可能！"老实人说道。

　　两人仰面朝天地倒在地上，又抱在一起，泪如泉涌般流个不停。

　　"怎么！真的是你，神父大人？你，真是美丽的居内贡的哥哥！你，不是叫保加利亚人杀死了吗！你，真是男爵先生的公子！你，在巴拉圭成了耶稣会会士！要说呀，这世界真是奇特。哦，邦葛罗斯！邦葛罗斯！你要是没有给绞死，现在该有多么高兴！"

　　司令将站在一旁往水晶酒杯中注满酒的黑奴和巴拉圭人全部支开。他一遍遍地感谢上帝和圣伊格内修斯。他将老实人一把抱住，两人的脸上都是泪水。

　　"还有更惊奇，更感动，更让你狂喜不已的呢，"老实人说道，"你的妹妹，居内贡小姐，你还以为她叫人给剖开了肚皮不是，可她还活得好好的呢。"

　　"她在哪儿？"

　　"就在旁边的布宜诺斯艾利斯的总督那里，我本是来向你开战的。"

他们这番长长的对话越说下去就越让人感到稀奇。他们的灵魂在舌尖上飘荡,在他们的耳中仔细聆听,在他们的眼中散发光芒。因为他们是德国人,他们可以在桌前谈上很久,并一边等待教省神父。司令对老实人做了如下的讲述。

第 十 五 章

老实人为何杀死了他亲爱的居内贡的哥哥

"我一辈子都忘不了那可怕的一天，我眼睁睁看着父母惨遭杀害，妹妹叫人奸污。等到保加利亚人撤走之后，我怎么也找不到我那可爱的妹妹了。我和我的爹娘，两名女仆，三个男孩全被他们杀害，统统装上了一辆大车，运往离我家城堡两里地外的一个基督会教堂埋葬。一名基督会会士给我们洒圣水，那味道咸得要命；有几滴落进了我的眼睛里，神父发现我的眼皮轻微动了一下，就将手放在我的胸前，感到了我的心脏还在跳动。我得救了，三周后便完全康复了。你也知道，我亲爱的老实人，我天生俊美，而且还越长越俊。那位名叫克罗斯德的神父是修道院院长，就对我表现出格外的温柔情谊。他让我当上了初学修士，过了段时间又将我送去罗马。罗马神父需要招募德国籍年轻的耶稣会会士。巴拉圭的君主们不肯让西班牙的教士进入，他们更愿意招募外国人，觉得这样能更好地主宰他们。神父大人看我够格，便安排我到这个葡萄园干活儿。我们便出发了，除了我，还有一个波兰人和一个蒂罗尔人。来到这里，他们派我做副执事，还封了我一个中尉，现在我是上校兼牧师。我们正打算好好接待西班牙国王的军队呢，我敢说他们将被教会除名,并且好好挨顿揍。上帝派你来助我们一臂之力了。可是我亲爱的妹妹居内贡当真就在这旁边,待在布宜诺斯艾利斯的总督那里吗?"

老实人发誓说确定无疑。两人眼里又涌出泪来。

男爵忍不住把老实人抱了又抱,把他唤作亲兄弟,他的恩人。

"啊!或许,"他说道,"我亲爱的老实人,我们可以一起打进城去,把我的妹妹居内贡解救出来。"

"我别无他求,"老实人说,"我一直都想要娶她,现在还是。"

"你,这个无耻之徒!"男爵说,"你厚着脸皮想要娶我的妹妹,她的家族中可有七十二位贵族呢!你胆敢在我的面前说出这番狂妄的想法,真是放肆无礼!"

老实人被这一番话吓呆了,他回答道:"神父大人,有全世界的贵族也全无所谓,我把你的妹妹从一个犹太人和一个大法官的手里救了出来,她对我感激不尽,她愿意嫁给我。我的老师邦葛罗斯常对我说人都是平等的,我一定要娶她。"

"咱们走着瞧,无赖!"森特-登-脱龙克男爵教士一边说着,一边抽出佩剑,用剑背朝老实人脸上狠狠打了过去。说时迟那时快,老实人也抽出剑来,用力刺进了男爵教士的肚子,直捅到手柄。而当他拔出剑,看到鲜血直流时,他哭了起来。

"啊呀,我的上帝!"他说,"我杀死了我的旧主人,我的朋友,我的大舅爷。我本是世界上最温和的人,可现在已经杀死了三个人,而且其中有两个都是牧师。"

加刚菩一直在亭子口放哨,听到动静也跑了进来。

"我们只能多捞回点本儿了,"他的主人对他说道,"一会儿就会有人来了,我们只有死路一条。"加刚菩见过很多类似的情形,他头脑冷静,镇定不乱。他脱下男爵的教士袍子,帮老实人穿在身上,又给他戴上男爵头顶的方帽子,便扶他上了马。一眨眼的工夫便做完了这些事儿。

"快跑吧,主人,别人都会把你当成是教士,正出去下达命令。在他们追上之前,咱们就能逃出边境了。"说完这些话,他便策马扬鞭,狂奔出去,并用西班牙语高声喊道:"让开,让开,上校神父大人来了!"

第十六章

出逃二人在两个姑娘、两只猴子,以及叫作奥雷隆的野人那里遭遇的情形

老实人主仆二人逃出了边境,营地那边还没有人发现德国教士已经被杀。细致周到的加刚菩早在背囊里装满了面包、可可豆、火腿、水果和一些美酒。他们骑着安达卢西亚大马来到了一处陌生之地,深陷其中,无路可走了。末了,一片美丽的草地出现在眼前,几条小溪穿流而过。我们这两位赶路人停下休息,也让马儿们吃些草。加刚菩劝他的主人吃些东西,自己还先做了个样子。

"我哪里,"老实人说,"还能吃得下这些火腿?我刚刚杀死了男爵先生的儿子,我这辈子是再见不着美丽的居内贡了。我要这么远地离开她,深陷在悔恨和绝望当中,继续拖延这些痛苦的日子还有什么用?《特雷乌报》(*Journal de Trévoux*)还不知会怎么说呢。"

他一边说着话,一边也没停下吃。太阳落山了。两个迷途之人听到了几声细微的叫喊,像是女人发出来的。他们分辨不出这叫喊声是痛苦的还是快乐的,可在这么个陌生之地,他们不免心生担忧,愈发警觉,便慌忙站起身来。发出这串叫声的是两个赤身裸

体的女子,正在草地边缘轻巧地跳来跑去,身后跟着两只猴子,追着要咬她们的屁股。老实人不由心生怜惜,他跟着保加利亚人学会了打枪,能够打中灌木丛中的一颗榛果,而不碰到一片叶子。于是,他举起他的西班牙双筒火枪,扣动扳机,那两只猴子应声毙命。

"谢天谢地,我亲爱的加刚菩!我把这两个可怜的孩子救出了莫大的危险。倘若杀死一个大法官和一个教士是犯下了罪孽,那么现在救下两个姑娘的性命总算是抵偿了。她们没准儿是有身份的小姐,这次出手相救也许能在此地为咱们带来大好处呢。"

他正说着,却突然僵住了,只见那两个姑娘温柔地抱起那两只猴子,眼泪哗哗径直流到它们的身上,她们悲苦的叫喊声在四下里弥漫开来。

"真想不到竟有人会这般好心肠。"他回过神儿来对加刚菩说道。

加刚菩可不这么想:"你刚刚真是干了件大事儿,我的主人,你把那两位小姐的情人给杀死了。"

"她们的情人!这怎么可能?你开什么玩笑,加刚菩,我怎么能相信你?"

"我亲爱的主人啊,"加刚菩接着说,"你总是什么都觉得惊奇,在有些地方,猴子就是能讨得女人的欢心,这有什么奇怪的?猴子就是四分之一的人,就像我有四分之一的西班牙血统一样。"

"啊呀!"老实人又说道,"我想起来了,我的老师邦葛罗斯曾经说过,过去就有过类似的事儿,正是这些混交造出来了人面兽身、人身羊足、半人半兽一类的怪物,古时候有好几位大人物都亲眼见过。而我还以为这不过是些奇闻异谈呢。"

"现在你总该信了吧，"加刚菩说，"这可都是真的，你也看到了，有些没受过什么教育的人就是这样使唤牲畜的。我只是担心，那两位小姐会给我们颜色，叫我们好受。"

这番言辞切切的话语说服了老实人离开这片草地，躲进树林里去。他同加刚菩一道吃过了饭，俩人又将葡萄牙的大法官、布宜诺斯艾利斯的总督以及男爵大人通通诅咒了一遍，之后便倒在青苔地上睡着了。他们醒来时，发觉根本无法动弹了，因为就在夜里，一群叫作奥雷隆的当地土著用树皮卷的粗绳儿将他们捆了个结实，前去告发的正是那两名女子。眼下他们已经被五十多个赤身裸体的奥雷隆人给团团围住，每人手里都拿着弓箭、木棍、石斧一类的利器，有几个人正烧着一口大锅，另一些人在准备搭起一个烤物架，他们都叫嚷着："一个基督会教士，一个基督会教士！我们要报仇，我们要痛快一下，吃掉这个教士，吃掉他！"

"我说什么来着，我的主人啊，"加刚菩悲伤地叫道，"这两个女人找我们报仇来了。"

老实人也瞧见了大锅和铸架，大声叫了起来："我们这是要被架起来烤，扔进锅里煮了啊。天呐！邦葛罗斯要是亲眼看到纯粹的自然是个什么样子，又该怎么说呢？一切都是最好的安排，好吧，可我得承认失去居内贡小姐和被奥雷隆人架起来烤真是残忍啊。"

加刚菩从不会头脑发晕，失去理智。"还什么都没发生呢，先不要绝望，"他对沮丧的老实人说道，"我听过一些这里人讲的方言，我去和他们说说看。"

"别忘了告诉他们这样餐食同类有多么不人道，而且基督徒是不会这么做的。"老实人说道。

"先生们,"加刚菩说,"看来,你们今天是打算吃掉一个耶稣会会士了？干得好呀,这样处理敌人真是再公道不过了。事实上,天赋权利就是教我们杀掉身边的人,天底下到处也都是这么做的。我们还没有使用权利来吃掉敌人,那是因为我们还有足够的食物来准备宴席;可你们没有这些资源,当然最好还是自己享用俘获的敌人,总好过把胜利的果实留给乌鸦和她的孩子们。可是,先生们,你们可不想吃掉自己的朋友吧。你们以为要架起来烤的是个基督徒,可他是维护你们的,你们要送去烤熟的正是敌人的敌人。至于我呢,我就出生在这个国家,你们看到的这位先生是我的主人,远不是什么耶稣会会士,他才刚刚杀死了一个耶稣会会士,身上穿的就是他的战利品;就是因为这样,才被你们蔑视。你们要想证实我说的这些,就拿上他的袍子,到神父领地的第一道城门那儿把它穿上,去问问看我的主人是不是杀死了一个耶稣会军官。这花不了多少时间,如果你们发现我说了谎,回来再吃掉我们也不迟。可如果我说的都是实话,你们也应该清楚公法的原则,还有习俗和法律,可得放了我们。"

奥雷隆人觉得这一番话颇有道理,便派出两名可靠之人快速前去核实。那两人受命出发,一副聪明人的姿态。很快,他们便带回来了好消息。于是,奥雷隆人给两名囚犯松了绑,恭恭敬敬地加以款待,为他们送来姑娘,供给他们清凉解渴的饮品,并把他们一直送到边境上,还兴奋地欢呼:"他不是耶稣会信徒,他不是耶稣会信徒!"

至于被释放这件事情,老实人可一点儿也不吃惊。"这是什么民族啊!"他说道,"都是一群什么人! 什么风俗! 要不是我幸运地一剑刺穿了居内贡小姐哥哥的身子,早被毫不留情地吃掉了。不过,不管怎样,纯粹的自然是好的,因为这些人得知了我并不是耶稣会信徒,不仅没有吃掉我,反倒立刻对我款待至上。"

第 十 七 章

老实人主仆二人来到黄金国，以及在那里的见闻

他们来到了奥雷隆人地盘的边界，"你看，"加刚菩对老实人说，"这半球的世界也不比那半球的强，相信我，咱们还是走最近的路回欧洲去吧。"

"怎么回去法儿呢？"老实人说，"又去哪儿好呢？回我自己的国家吧，保加利亚人和阿白莱人到处杀戮；到葡萄牙去呢，我会被活活烧死；要是就留在这地界儿吧，随时都有可能叫他们架起来给烤了吃。可我又怎么忍心离开居内贡小姐待着的地方呢？"

"咱们往卡宴①去吧，"加刚菩说，"咱们在那儿会碰上法国人，他们在世界上到处游走，他们会帮助我们的。上帝或许会可怜我们。"

要去卡宴可并不容易。他们当然清楚要走的方向，可是这一路上山高水长，峰险沟深，还有强盗野人出没，处处遭遇到可怕的障碍。他们的马累得筋疲力竭，他们的干粮已经消耗殆尽，他们整整一个月就靠着野果子维持过活，最后，他们好不容易来到一条小河旁边，岸边长满了椰果树，这才让他们保住了命，维持了希望。

—————————

① 卡宴（Cayenne），法属圭亚那的首府和主要港口。——译者

　　加刚菩和那位老妇人一样,总有好主意,他对老实人说:"我们撑不下去了,走的路已经太多。我见河边有一只空闲的小船,咱们装上一船椰子,驾上这小船,就顺着水漂走吧。河流总能去到有人烟的地方。要是一路都碰不上舒服的事儿,至少也能找点儿新鲜。"

　　"那我们走,"老实人说,"就听天由命吧。"

　　他们顺着溪流划了几里路,岸边时而鲜花盛开,时而干旱荒凉,时而开阔平坦,时而坑洼崎岖。河面愈走愈宽,最后流进了一个岩石洞口,那些岩石形态恐怖,直插入天。这两位也够胆大,就由着急流冲了下去。那河水,流到了这儿就像猛地被收紧了似的,径直载了他们向前冲去,快得惊人,响得吓人。整整一天之后,他们才重见天日,可是他们那只小船早叫沿路的岩石给撞得遍体鳞伤了。他们只得挨着石块儿拖着步走,就这么挪了一里路,才来到了一块巨大的空地上,四周叫高不可攀的大山围了个严实。这一处可真是别有洞天,又都是跟着需要来的,处处既实用又舒适。路上跑的全是车,仿佛装饰一般,样式出众,材料亮堂,车里坐的男人女人们都那么地光鲜靓丽,拉车的是一色儿的大个头红羊,跑起来的速度远远超过了安达卢西亚①、得土安和梅基内茨那些最漂亮的名马。

　　"瞧这地方,"老实人说道,"可比咱们的威斯特伐利亚强多了。"

　　他同加刚菩在最近的一个村庄上了岸。村里的几个孩子穿着破破烂烂的金线绣的锦缎袍子,正在村口玩"掷圆饼"的游戏。这

----

　　①　安达卢西亚(Andalousie),西班牙南部的一个区域。——译者

两位外来客在一旁看着乐。他们的圆饼子个儿都够大,有黄的、红的、绿的,全都闪闪发亮。两人忍不住捡起了几个,这个是黄金的,那个是翡翠的,还有红宝石的,其中最小的一块也抵得上蒙古皇帝龙座上最大的宝石。

"不消说,"加刚菩说,"这些玩'掷圆饼'游戏的孩子们准是这里国王家的。"

话音未落,村子里的私塾师傅走出来,招呼孩子们回学校去。

"瞧,"老实人说,"那准是国王家里的老师了。"

孩子们立刻停止了游戏,圆饼子丢了一地,刚才玩着的也都丢弃在那儿,便纷纷跑开了。老实人把它们全捡了起来,跑到那先生跟前,恭恭敬敬地一股脑儿递上前去,打着比划想要告诉他王子殿下们忘记了带走他们的金银宝贝。那老师笑了笑,却又把那刚接过手的东西丢回到地上,他带着些诧异看了看老实人,便接着走他的路了。

两位客人也毫不含糊,把地上的金子、宝石、翡翠一个不落地捡起来收好。

"我们这是在哪儿呀?"老实人喊道,"这国度里国王的孩子们一定教养得很好,因为他们看到黄金宝石全都满不在乎。"

加刚菩也同样大为吃惊。这时候他们走近了村庄上的第一座房子,这房子盖得就像欧洲的宫殿。门口聚集着一大群人,屋子里就更热闹了。他们听到屋里传出极为悦耳的乐声,还闻到厨房飘出诱人的香气。加刚菩凑近大门,听到人们说着秘鲁语,那正是他的家乡话。加刚菩出生在图库曼的一个小村庄,那里就只说这种语言。

"我翻译给你听,"他对老实人说道,"我们进去吧,这儿是家酒馆。"

立刻有两男两女四名小堂倌走上前来,都身穿金丝线斗篷,头发用丝带挽起,请他们坐到主人的桌前。端上桌来的有四盘汤,每盘上都用一对小鹦哥做装饰;一只清炖大鹰,重量足有两百斤;两只红烧猴子,味道鲜美;一盘三百只小蜂雀;另一盘六百只珍珠鸟;外加精致的小菜、美味可口的面食。各式餐食全都用大块水晶制成的盘子盛着。小堂倌们还为他们倒上甘蔗制成的各种甜酒。

食客们大多是做买卖和赶大车的,各个恭敬礼貌,他们十分拘谨地问了加刚菩几个问题,也格外和气地回答了他的疑问。

吃过了饭,加刚菩和老实人合计着付钱,于是从捡来的金币中拿出两大块放在主人的桌上。这一来,屋主人和他的太太都哈哈大笑起来,半天笑得东倒西歪。好不容易止住了笑,屋主人对他们说道:"两位先生,看得出来你们是外来的客人,我们在此地是不常碰到的。你们想拿大道儿上捡来的石块付账,我们实在忍不住笑,这还得请你们原谅。你们恐怕还没有本地的钱,可到这儿吃饭不必非得付钱。这些旅舍饭馆就是为了方便来往贸易的,全由政府出钱,你们方才吃了粗茶淡饭,因为这儿是个穷村子,不过到了其他地方,你们就会得到合适的招待了。"

加刚菩把这番话转译给老实人听,老实人听时也和加刚菩一样地惊讶和迷惑。

"这究竟是个什么地方呀,"俩人相互说着,"全世界都不知道的地儿,这儿的事情都和我们那里不一样。也许这才是'一切都好'的地方,因为世界上一定有这么个所在,不论邦葛罗斯老师怎么个说法,在威斯特伐利亚的一切总是那么糟糕。"

第 十 八 章

他们在黄金国的见闻

加刚菩心生好奇,想向那店主问个明白,店主回答说:"我是没什么文化的,只觉得这样就很好。不过,我们这儿有个老头儿,它原本在宫廷里做官,现在告老还乡了,要论学问见识,这国度里他可是首屈一指,而且能说善聊。"

于是,他带着加刚菩到老头儿家里去。老实人此时只能做了配角,跟着他的差仆走。他们进了一所极简朴的屋子,因为屋门只是银制的,房间的天花板也只是金子做的,可是打造的样式雅致考究,就是和那些最富丽堂皇的殿堂相比也毫不逊色。前厅,不错,也不过用红宝石与翡翠包着,可是各样东西摆放的次序都大有讲究,恰好弥补了这些材料的朴素。

那老头儿请来客们在他的软沙发上坐下来,垫子全是用真蜂雀的细毛儿做的。他吩咐仆从用钻石的杯子端来甜酒给他们吃。接着,他满足两人的好奇心,说了下面一番话:

"我今年一百七十二岁,我那过世的父亲曾是国王的御马监,从他那里,我听到了秘鲁那些奇异革命的事情,他可是亲眼目睹过的。我们现在住着的国度古时是印加人的地方,他们真不明智,偏要兴兵出去打仗,结果全叫西班牙人给消灭了。有几位亲王倒是聪明的,守着乡土不愿离开,经过全国百姓的同意,他们下了一道命令:所有居民都不许再走出这个小王国,这才守住了我们的单纯和幸福。西班牙人没搞明白我们这里是个什么地方,就把这儿叫作'黄金国'。又有一个叫作雷利①骑士的英国人,在大约一百年前几乎到了这地方。但是因为四周全是陡壁高山,我们才一直躲过了欧洲民族的贪得无厌,保存至今;他们就眼馋我们这儿的石块跟沙子,为了这些,他们竟想把我们一个个都弄死。"

这番话谈了很久,谈到了他们的政府构成、风俗、妇女、公众娱乐,以及各种艺术。老实人对于玄学总是兴味盎然,最后,他叫加刚菩询问这里是否也有宗教。

老头儿脸红了一响。"怎么,"他说道,"你们还能怀疑吗? 难道你们竟把我们看作不近情理的野人吗?"

加刚菩毕恭毕敬地询问:"黄金国这地方信的什么教?"

老头儿脸又红了。"难道还有两种教不成?"他说,"我以为我们信的就是全世界的教,我们从早到晚都崇拜着上帝。"

"你们就只崇拜一个上帝吗?"加刚菩说,他还在替老实人表明他的疑问。

"很显然,"老头说,"不是两个,不是三个,也不是四个。我不得不说你们外来的人就会问些稀奇古怪的问题。"

老实人还缠着这好老头儿问个不停,他想知道黄金国的人们是怎样祷告的。

---

　　①　沃尔特斯·雷利(Walter Raleigh,1554—1618 年),英国探险家,美洲殖民者。——译者

"我们不向上帝祈求什么，"这位温厚可敬的老前辈说，"我们没有什么向他要的，他已经给了我们需要的一切，我们就只向他表达无穷无尽的谢意。"

老实人又好奇想要看看教士们，便询问他们都在哪里。那好老头儿笑了。

"我的朋友，"他说，"我们都是教士。每天早上，国王和每家每户的家长会庄严地合唱赞美歌，有五六千名乐师一起伴奏。"

"什么！你们都没有僧人，那谁来授惑布道，辩解道理，执掌大权，阴谋捣乱，还有烧死与他们意见不合的人呢？"

"除非我们疯了，才需要僧人，"老头儿说，"这儿的人都是一个想法，我们简直不明白你们说的教士做什么用。"

老先生的这一番话，老实人听得入了迷，他自言自语道："这可与咱们的威斯特伐利亚和男爵府邸大不相同了；咱们的朋友邦葛罗斯要是见着了这黄金国，他再不会说森特-登-脱龙克的府邸是这世上最好的地方了。看来，就该出来四处走走。"

结束了这段长长的对话，老头儿安排预备下一辆豪华四轮车和六只羊，另派了十二个仆人带这两位游人到王宫里去。

"恕我抱歉，"他说，"我这把年纪实在没法陪你们一同前往。国王对你们的招待一定不会令两位失望；要是真有些不满意的地方，你们了解了这是乡土风俗，也一定能够原谅。"

老实人与加刚菩坐上了车，六只羊就飞奔起来，不到四个钟点就送他们来到了坐落在都城尽头的王宫。那王宫的大门有二百二十尺高，一百尺宽；可究竟是什么材料建造的，就没法形容了。但显然这些材料比那些我们叫作黄金和宝石的石子和沙土，又不知高级了多少。

老实人和加刚菩刚走下车，国王卫队的二十位美丽的姑娘便迎上前来，领他们先去沐浴，再换上蜂鸟绒毛织就的袍子。做完这些，就有内廷的官长，男的女的都有，上来带他们到国王的房间去。他们从两排乐队的中间穿行而过，按照惯例，一边各有一千乐师。快到国王宝座的大厅时，老实人询问旁边的一个官长进去见了国王该行什么礼节：是跪拜，还是要肚子贴地；是该双手举过头顶，还是背在身后；或者应该开口舔掉地板上的灰；简单说，该如何行礼？

"照这里的规矩，"那官长说，"是要抱着国王亲他的两颊。"

老实人和加刚菩就跳上前去搂住国王的脖颈。国王十分和气地接待了他们，并礼貌地邀请他们共进晚餐。

饭前，他们被带着去参观城市，公共建筑高耸入云，广场上的装饰柱足有上千根；喷泉林林总总，喷出的不仅有清水，还有玫瑰水、甘蔗里榨出的甜水，不停歇地流进大池潭里去；池潭四周满铺着某种宝石，散发出一股像是丁香肉桂的香气。老实人请求看看他们的法庭和国会，却被告知压根儿没这些场所，这儿的人从来不打官司。老实人又询问是否有监牢，回答也说没有。但更让他惊奇、令他高兴不已的是那个科学馆，竟有两千尺宽的一座展览大厅，满满地陈列着研究数学和物理的仪器。

逛了一个下午，才只看了城市的大约千分之一，他们又被带回王宫，老实人入席，坐在国王、跟仆加刚菩和一群夫人之间享用晚餐。他们从没受过如此丰盛的款待，国王在席间表现的风趣诙谐更是无人能比。加刚菩把国王的珠连妙语翻译给老实人听，尽管已经过转译，他听来还是妙不可言。老实人遇到的件件惊奇事儿，这也正是其中一件。

他们在这收容之地住了一个月。老实人时常对加刚菩说："我说，我的朋友，我出生的府邸显然比不上这里，可话说回来，这里没有居内贡姑娘啊。还有你呢，在欧洲一定也有几个情人吧。留在这儿，咱们也和别人没什么两样，可我们要是回自己的老家去，只要有十二头羊拉上这黄金国的石块，咱们可就比所有国王加起来还要富有了，咱们再不用怕那些法官，还能把居内贡姑娘顺顺当当地要回来。"

这些话加刚菩听来也顺耳。人呀，就是喜欢东跑西颠儿，回到本乡再引以为傲，大肆吹嘘他们游历时的见闻，这两位幸运之人决定不再继续客居他乡了，便请求国王准许他们离开。

"你们这么做可真叫愚蠢，"国王说，"我自然晓得我的国家微不足道，可是一个人要是找着了可以安居落脚的地方，他就该住下来。我无权强行留客，那样就是专制，我们这儿的风俗和法律都绝不容许。人人享有自由，你们随时可以离开，但走出去可并不容易。要逆水而上那条急流是不可能的，那河是从岩石洞里流过的，你们能顺着它下来真是个奇迹。这四周环绕的山峦都有万尺之高，山峰耸立如同绝壁；每座山的横面都有十几里宽，只能沿着陡壁下山。但是，既然你们执意要走，我会吩咐我的机械总管，叫他们造出一座机器，来运送你们安全离开。等把你们送到山的背面，就不能继续陪同了，因为我们的臣民都发了誓，永远都不踏出国家的边界，他们都很听话，从不会违背誓言。你们需要什么，尽管问我要就是了。"

"我们也不想求国王什么东西，"加刚菩说，"只求您赏赐几只羊替我们拉干粮,再拉些石头块儿和道上的泥沙。"

国王哈哈笑了起来:"我真闹不明白,"他说,"你们欧洲人为什么偏偏喜欢我们的黄泥浆,需要多少你们尽管拿好了,但愿于你们有用。"

他立即下令由机械师们制造一架机器,以便将两位特殊的客人高高吊起来,飞送出他们的王国。三千名大物理学家一起工作,十五天就造成了,按他们国家的货币算,花费也不过两千万英镑。他们让老实人和加刚菩坐到机器上,另外又绑上两只大红羊,鞍辔之类的也一应装齐,预备给他们翻过了山就可以骑;二十只羊驮满了粮食,三十只羊载上了此地人民奉送的珍奇礼物,还有五十只羊满载着黄金、宝石和钻石。国王亲热地拥抱了两位漂泊的旅人。

他们这一趟走,场面可谓壮观,那巧妙的机器带着他们连人连羊一起从山顶飞越过去,真是一副极有意思的景象。那群物理学家将他们平安送出边境便告辞回去。此时的老实人再没有别的愿望和念头,一心就想着把他的羊连同宝贝去送给居内贡小姐了。

"这下好了,"他说,"布宜诺斯艾利斯的总督要是给居内贡小姐标个价,我们准给得出。咱们往卡宴那边走吧,现在就动身,边走边看看,有什么王国可以买下来。"

第 十 九 章

他们在苏里南①的经历以及老实人怎样认识了玛丁

离开了黄金国，这两位游客很惬意地度过了第一天。想到自己拥有的珍宝比整个亚洲、欧洲和非洲的加起来还多得多，他们真是志得意满。老实人兴奋不已，禁不住把居内贡的名字刻在树干上。第二天，有两只羊陷入了一片沼泽地，连同驮着的宝贝全给淹没了；过了几天，又有两只羊活活累死了；接着有七八只羊在沙漠地里饿死了；其余的先后从陡壁的边上失足跌下山崖摔死了。最后，走了一百天之后，就只剩下了两只羊了。老实人对加刚菩说："我的朋友，你看这世界上的财富终究难以持久，都要消亡；没有什么东西能够坚固不变，除了德行，还有那与居内贡小姐重逢的幸福。"

"我全都赞同，"加刚菩说，"可我们还剩下两只羊，余下的那些财宝，西班牙国王想都不敢想。我望见前面远远的有座城市，我猜那是苏里南，荷兰人的地盘。我们已经走到了苦难的尽头，接下去该转行好运了。"

他们往城市走去，见一个黑人直挺挺躺在地上，光着上身，只

---

① 苏里南（Surinam，或 Suriname），南美洲北部国家，首都帕拉马里博。——译者

穿了一条蓝布衬裤。这人实在可怜，没了左腿和右手。

"唉！我的上帝！"老实人用荷兰语说道，"这位朋友，你一副惨兮兮的模样待在这儿做什么呢？"

"我在等我的主人，有名的大商人范·德当迪尔先生。"那黑人回答。

"难道范·德当迪尔先生，"老实人说，"就这样待你不成？"

"是呀，先生，"那黑人说，"这是常规。他们一年给我们两次衣服，每次一条粗布衬裤。在蔗糖厂做工时，要是机器卡住了我们的一个手指，他们就把我们整只手给砍了去；我们要是想逃跑，他们就斩断我们的腿；两件事我全赶上了。你们在欧洲有糖吃，全是我们在这里付出的代价。可是，我的娘当年在几内亚海边把我卖了十个巴塔哥尼亚埃居①的时候，她还对我说：'我亲爱的孩子，祝福我们的物神，永远心怀崇拜，他们会保佑你一辈子幸福。你有福气做我们白人老爷的奴隶，你爹妈的好运就全靠你了。'唉！我不知道有没有叫他们走运，反正他们可没有叫我走运。狗、猴子、鹦哥和我们比起来，它们的不幸哪有我们的十分之一。荷兰拜物教的讲道者让我入了教，他们每礼拜日早上总说我们全是亚当的子孙——黑的白的都一样。我不是研究系谱的专家，可假如他们说的当真，那我们可不全都是嫡亲的表兄弟了。可是你看看，哪有用这么野蛮的手段对待自己家人的？"

"哦，邦葛罗斯！"老实人喊道，"你绝不会想到有如此可憎的情形；事已如此，我终究只得放弃你的乐观主义了。"

---

①　Écu patagon，西班牙古代钱币名。——译者

"乐观主义是个什么?"加刚菩说。

"唉!"老实人说,"那是一种疯狂,在糟糕的处境下却偏要固执地坚持认为一切都是好的。"

眼瞅着那黑人,他流了泪,就这样一边哭着,他走进了苏里南城。

他们要打听的头一件事,就是港口里有没有能去布宜诺斯艾利斯的船只。他们问着的正是一个西班牙船主,乐意载了他们去,要价也算公道实在。他约了他们到一家小酒馆见面,老实人和他忠心的加刚菩就带了他们的两只羊到那里候着。

老实人的肚子里哪里藏得住话,把他一路来的冒险经历一股脑儿地讲给那西班牙人听,也对他承认了这一趟去就为了带上居内贡小姐一起逃走。

"若是这样,我可不送你去布宜诺斯艾利斯了,"那船家说,"我准得叫他们给绞死,你也是一样。那美丽的居内贡小姐可是我们总督阁下最心仪的情人呢。"

听到这话,老实人有如晴天里遭了一个霹雳,呜呜哭了好一阵子。然后,他把加刚菩拉到一边。

"听着,我的好朋友,"他对加刚菩说,"你照我说的做。咱们每人口袋里的钻石都有五六百万,你办事儿比我老练,你去吧,到布宜诺斯艾利斯把居内贡带出来。总督那里要是找麻烦,就给他一百万;他要是还不肯放她走,再多加一百万。你没有杀死大法官,他们不会对你起疑心的。我再去另找一只船,先到威尼斯去等着你。那儿是个自由的国度,什么保加利亚人、阿白莱人、犹太人、大法官们统统没有,咱们全不必担心。"

　　加刚菩也赞成这个聪明的主意。可想到要同他那已成为至交的主人分开，他禁不住有些难过；但是能帮上主子的忙又令他无比快乐，胜过了暂时分离的痛苦。他们拥抱告别，都不舍地流下了眼泪，老实人嘱咐他不要忘了那好心的老妇人。加刚菩当天便动身上路；这加刚菩真是个忠厚老实的好人。

　　老实人又在苏里南待了一阵子，等待另外找到一位船主愿意搭载他和他剩下的两只羊到意大利去。他雇了几名仆人，买足了漫长旅行所必需的物品。终于，一只大船的船主范·德当迪尔先生主动找上门来。

　　"你开价多少？"老实人问那来人，"要径直载我到威尼斯去，我自己，我的仆人，我的行李，还有这两只羊。"

　　那船家开出一万皮阿斯特①；老实人一口答应。

　　"哦，哦！"谨慎的范·德当迪尔先生自言自语道，"这外来客拿出一万皮阿斯特都不眨眼，定是个有钱人咧。"

　　他去了一阵子又回来，说这条路要给两万才能走，一分不能少。

　　"好吧，就给你两万，"老实人说。

　　"呀！"那船老板窃声嘀咕，"此人掏出两万竟也跟一万块那么爽快。"

　　他又回去，说想要坐他的船夫威尼斯少了三万可不成。

　　"那就给你三万。"老实人又应了下来。

　　"哦！哦！"那荷兰的船老板又开始盘算，"三万他竟都满不在

———————————

①　Piastre，埃及等国的货币名。——译者

乎，他那两只羊的身上一定扛了数不尽的珠宝啊！咱们暂且不提，让他先付三万现钱，再走着看。"

老实人变卖了两颗小钻石，最小的那颗就比船家要的船价还要值钱。他先付清了钱，那两只羊被运上了大船。老实人坐了一条小船跟着去锚地，那船家得了机会毫不犹豫，张起帆驾着船就往大海里跑，正好顺风。老实人面对这一幕惊讶不已，目瞪口呆，眼睁睁看着那船没了踪影。

"唉！"他叫道，"这老花招耍得可真不含糊！"

他只得掉头回岸，心里别提多难受了，他一下子就损失掉了足足二十个国王的财富。

他跑去找那荷兰法官，心里一着急，把门打得太重；进去申诉他的遭遇时，嗓门又吼得过高。那法官便先来惩罚他的一通喧哗，开出罚金一万，这才耐着性子听他讲述，他答应等那船家一回来就办他的案子，又叫他出了一万算是受理费。

这一来可让老实人彻底失望了。他的确经历过比这更痛苦的不幸，可是那法官的冷血，还有那强盗船家的无情简直令他忍无可忍，心里憋闷得什么似的。人类的丑陋在他的想象中穷形尽相地活现出来，使他不由得陷入了悲观抑郁。刚巧这时他听说一只法国大船正要开回波尔多①去，既然羊也没了，珠宝也丢了，只剩下子身一人，他干脆定了间房，只花了公道的船价。他往城里放出一个消息，要找一个老实人随他同去欧洲，吃住一切包管，另付两千皮阿斯特，唯独一个条件：此人必须最不满意他现时的处境，且是

---

① 波尔多（Bordeaux），法国西南部重要城市。——译者

全省运气最差的一个。

一大批应征者蜂拥而至,多得一整个舰队恐怕都装不下。老实人想要挑选看起来最像的,就先指定了面相最随和的约莫二十人,他们全都争着说自己才最合适。老实人把他们聚在一个小酒馆里,给他们吃喝,叫他们挨着个儿原原本本地讲述自己的遭遇,并且发誓如实交代,他答应会选出他听来最该不满意自己现状的那一个,其余的也会付给酬劳。

这场面一直持续到凌晨四点。老实人听每个人的讲述,想起了老妇人在去往布宜诺斯艾利斯的路上对他讲过的一番话,她还打赌说,同船上没有一个客人不曾遭遇过大不幸的。每听一段故事,他都会想到邦葛罗斯。

"这位邦葛罗斯,"他说,"再要证明他的哲学体系一定十分尴尬,真希望他也在这儿。显然,要说一切都好,那就是在黄金国了,除此之外,这世界上就再没有了。"

最后,他挑中了一个穷学究,他在阿姆斯特丹书店里做了十年工。按照老实人的判断,世界上再没有比这更令人厌恶的营生了。

这位学究可是个老实人,他上了自己老婆的当,遭了儿子的打,末了,女儿被一个葡萄牙人拐跑了,也丢下他不管。刚刚不久,他又丢了靠着吃饭的那点儿小营生。苏里南的牧师们欺负他,说他是索齐尼派教徒。说句公道话,其他人的不幸遭遇至少都比得过他,但是老实人却乐意找个学究做伴,让旅途多些趣味。其余的应征者都大喊不公,但每人得了一百皮阿斯特后,便纷纷平息了怨气。

第 二 十 章

老实人和玛丁在海上的经历

于是,这位名叫玛丁(Martin)的老学究就随着老实人一同上船,出发去往波尔多。他们两人都见过很多,吃苦也不少;随着船只要从苏里南绕道好望角到日本去,他们也可以尽情交流,关于道德的恶与肉体的恶这一话题就够他们讨论一路了。

不过有一件事情,老实人要比玛丁强,那便是他一直期待着和居内贡小姐重逢,而玛丁却没什么希望可言。而且,老实人还有些黄金钻石,尽管他弄丢了那一百只羊和它们驮着的无比丰富的珍宝,尽管心里还忘不了那荷兰船家的奸诈骗局,然而,一想起口袋里毕竟还剩下一些,再一提起居内贡的名字,特别是在一顿饭将近吃完的时候,他便又倒向邦葛罗斯的理论一边了。

"可是你,玛丁兄,"他对那学究说,"你对此怎样看法?对于道德的恶与肉体的恶你有何高见?"

"先生,"玛丁回答说,"我的教士们指责我是索齐尼派教徒,而其实呢,我是摩尼教徒。"

"你讲笑话吧,"老实人说,"这世界上哪还有摩尼教派的人呀。"

"我就是的,"玛丁说,"我只知道要这样做,我也想不到别的出路。"

"你准是叫魔鬼附身了。"老实人说。

"他在这世界上凡事都非插手不可,"玛丁说,"当然没准儿也在我的身上,也许到处都有他。说句实话,我一睁眼看着咱们这个地球,更确切地说这个小圆球儿吧,我就想,上帝准是把它丢给了什么恶魔。我从没去过黄金国。我还没见过有哪一座城市不希望他相邻的城市毁灭,有哪一户人家不想要他邻居的人家灭绝。弱小的人们心里恨着那些强横的,可当着面又阿谀奉承;强横的拿他们就当牲畜使唤,剥他们的皮,吃他们的肉,到处全是一个样儿。有一百万的凶手组编成队,在整个欧洲东跑西窜,训练有素地到处杀掳抢掠谋生活,因为除此之外,他们也干不了什么正经事儿。而在那些看起来安逸和平、艺术繁荣的城市里,居民们心中聚积的妒嫉、忧虑和焦躁,可比那陷入包围之中的城市所受的灾祸还要更多,心里的隐痛比公众的灾难更加残酷。简单地说,我见过和经历过的太多了,只能加入摩尼教派。"

"可总还有好事儿啊。"老实人说。

"或许有吧,"玛丁说,"可是我并不知道。"

正当他们争论不休,忽然听着一声炮响,那响动一声高过一声,他们全拿起望远镜想看个究竟。约莫三海里外,有两条船正互相开火。借着风势,两条船都朝着法国船这边靠拢过来,船上观战的人们正好看个清楚。最后,其中一条船放出了一排炮,从低处正击中对方船只,只见那船随即开始下沉。老实人和玛丁看得真切,有一百号人挤在那下沉船只的甲板上,他们全举手向着天,发出恐怖的尖叫声,不一会儿,就全被海水吞没了。

"好吧，"玛丁说，"人们就是这样彼此相待的。"

"说真的，"老实人说，"这一幕真有些恶毒。"

正说着话，他看到不知是什么东西，红得发亮，在船的旁边浮游着。他们放一只小艇下去查看：竟是他的一只羊！老实人找回这一只羊的快乐劲儿，比起他当初丢了一百只驮满黄金国钻石的羊群时的悲伤还要大得多呢。

法国船主很快便查明，那只进攻的舰船是西班牙的，被击沉的那一条则属于一个荷兰海盗，抢了老实人的正是他。那歹徒骗来的大笔财富就随着他一块儿淹没在大海中，唯独那一只羊得救了。

"你看，"老实人对玛丁说，"这不是罪恶也有受罚的时候。这混账荷兰船主就活该报应。"

"不错，"玛丁说，"可是那船上其余的客人难道也该跟着遭殃？上帝惩罚了这个混蛋，魔鬼却淹死了其余的人。"

于是，法国船和那西班牙船继续航行，老实人和玛丁也继续他们的谈话。他们接连辩论了十五天，末了，也还是辩不出个所以然。可是，虽则没有结果，他们终究一起说了话，交流了看法，彼此得到了慰藉。老实人抱着他的羊摸了又摸。

"我的羊，既然我把你找了回来，"他说，"我也一定能再见着我的居内贡。"

第 二 十 一 章

老实人和玛丁在海上的经历

终于,他们看到了法国的海岸。

"你到过法国没有,玛丁老兄?"老实人问道。

"是的,"玛丁说,"我走过好几个省。有些地儿一半的人全是疯的,要不就是奸诈狡猾;还有几处,人倒是多半温和,可又有些呆傻;再有些地儿的人就会假作聪明。可不管在哪儿,他们最热衷的事情就是恋爱,其次是说人坏话,再次就是信口胡言。"

"可是,玛丁兄,你看过巴黎没有?"

"看到过,我上面说的各种人在巴黎全有。那里乱糟糟的,拥挤不堪,谁都想在那儿寻找乐子,可谁都没有找到,至少在我看来就是这样。我小住过一段。我才刚到就在圣日耳曼的市集上叫扒手把全部家当偷了个精光,我自己倒反被当作贼,在监牢里关了八天。出来之后,我到一家印刷厂当了校对员,想着等我赚够了钱,好走回荷兰去。那一群舞文弄墨的酸文人,策划阴谋的小人物,狂热信教的下等教徒,我全认得。听说巴黎也有温文尔雅之人,我倒是愿意相信。"

"我嘛,见一见法国也没什么可好奇的,"老实人说,"在黄金国住过一个月后，我在这世上除了居内贡小姐就再不想看什么了，这你很容易想象吧？我要到威尼斯去候着她。我们将穿过法国到意大利去。你可以陪我一起去吗？"

"乐意奉陪，"玛丁说，"人家说威尼斯就配他们自己的贵族住，当然要是外来的客人有的是钱，他们也招待得好好的。我是没有钱，可您有啊，所以您到哪儿我都跟着去。"

"我说，"老实人说，"你信不信这地面原来是一片汪洋，船主的那本大书上是这么说的。"

"我一点儿不信，"玛丁说，"近来出的书全是瞎扯，我才不理会。"

"可这样说来，创造这个世界究竟是为了什么？"老实人说。

"让我们痛苦发怒。"玛丁回答。

"你听了难道不觉得稀奇，"老实人说，"我讲给你听的那两个奥雷隆的女子会和猴子谈恋爱？"

"一点儿不稀奇，"玛丁说，"我看不出那一类恋爱有什么稀罕的。稀奇古怪的事情我见得多了，所以再见了什么都不足为奇。"

"你也认为，"老实人说，"人类原来就同今天一样相互残害吗？他们一直都是这么满嘴瞎话的骗子，阴险恶毒、忘恩负义的小人，强盗、弱者、见异思迁之辈，懦弱之人，酒鬼、守财奴、野心家，个个满心嫉妒，贪恋钱财，污蔑诽谤，人人都暴力、放荡、狂热，一群伪君子，傻子呆子一样的家伙吗？"

"那你相信，"玛丁说，"鹰见到了鸽子就抓来吃吗？"

"当然是的。"老实人说。

"那好了，"玛丁说，"假若老鹰的脾气都始终如一，你何以就认为人类会改变性情呢？"

"哦！"老实人说，"这可有大分别了，因为自由意志……"他正要讲述一番道理，他们的船停靠在了波尔多码头。

第 二 十 二 章

老实人和玛丁在法国的经历

老实人在波尔没有过多逗留，只变卖了几块从黄金国带来的石子，又对付着找了一辆可乘两人的四轮马车，便继续赶路。他已经离不开哲学家玛丁一路相伴了，只是极不情愿丢下那一只红羊，无奈地把它送给了波尔多科学院。科学院提议将本年度评奖论文的主题确定为：这只羊为什么一身红色的毛。最后一位北方的学者得了奖，他通过 A 加上 B 减去 C 再除以 Z 进行证明，这只羊就应该是红色的，而且会患羊痘而死。

同时，老实人一路上在客栈里碰着的每一位游客都对他说："我们要到巴黎去。"众人的热情终于感染了他，他也想去见识这座都会；好在要去威尼斯，从巴黎经过也不算太绕道儿。

他从圣马索（Saint-Marceau）区进入巴黎城，感觉就像回到威斯特伐利亚最脏乱的乡村去了。

老实人一进客栈就染上了小病，全是因为劳累过度。由于他手指上戴着颗巨大的钻石，人们又见他行李当中有一只重重的箱子，马上就有两个大夫不请自来要为他瞧病，有几个人充当密友不离左右地伺候他，还有两名教徒忠心耿耿地替他煎药。

玛丁说:"记得我第一次到巴黎时也生着病,可我那时穷得叮当响,什么朋友、教徒、大夫啦,通通没有,病就自己好了。"

可是,经过吃药放血一通忙活,老实人的病却加重了。一个常来街区的教士跑来低声下气地讨要一张做功德的支付票据,老实人不理会他。旁边帮忙的两个教徒告诉他这是新近流行的做法,他回答说自己才不是赶时髦的人。玛丁真想把那教士一把扔出窗外去。那教士诅咒说老实人死了也得不到安葬。玛丁也赌咒说那教士要是再来纠缠,就把他活活埋了。两边越吵越凶,玛丁一把掐住了教士的肩膀,硬生生把他撵了出去。这下事情可闹大了,要到法官那里去做笔录。

老实人的病好了。在他养病期间,总有人跑来陪他吃饭。他们一起下大赌注。老实人好生奇怪,好牌怎么从不到他的手里来,玛丁可一点也不吃惊。

前来问候他的当地人当中有个佩里戈尔①的小法师,是爱讨好的那一类,随时支棱着耳朵,到处献殷勤,脸皮厚,会奉承,最善赔笑脸;这种人常盯着来来往往的外乡客寻找目标,给他们讲些城里的丑事儿,领他们去寻各式各样的乐子。他先带老实人和玛丁进剧场看戏,那儿正演一出新上的悲剧。老实人的旁边坐着几位颇有学识的人物。这对他毫无影响,他看到戏中的动情之处,自顾自地哭了起来。旁边这几位可都是爱好争辩之人,其中的一位在幕间休息时对他说道:"你在这儿哭真是大错特错,那女主角可是坏极了,和她配戏的男角儿就更糟糕,这出戏比起演戏的人还要差

---

① 佩里戈尔(Périgord),法国地区名。——译者

劲。写戏的人认不全一个阿拉伯词，可戏里的情节却偏偏在阿拉伯半岛；不仅如此，此人竟不相信天赋观念。我明天就能带来二十册抨击他的小书给你看。"

"这位先生，你们法国有多少出戏？"老实人问那法师。

"有五六千吧。"法师回答。

"有这么多！"老实人说，"好的有多少？"

"十五六出吧。"法师答道。

"有这么多！"玛丁说。

老实人相中了一位女戏子，她在一出平淡无奇的悲剧里饰演伊丽莎白女王，那出戏时不时才会演上一场。

"那个女戏子，"他对玛丁说，"我真是喜欢，她的模样有点儿像居内贡小姐，我真想去和她打个招呼。"

那佩里戈尔的小法师主动跑去替他介绍。老实人是在德国长大的，便询问可有什么礼节，以及法国人如何对待英国的王后们。

"那可有分别了，"小法师说，"要在外省，就请她们去餐馆；在巴黎，长相好的才受尊重，死了就扔路边道旁。"

"把王后们丢在路边！"老实人说。

"这是真的，"玛丁说，"法师先生说的不错。莫尼末小姐（Mlle Monime）到另一个世界去的时候，我正巧人在巴黎，人家连平常所谓丧葬之仪——也就是和这一带的乞丐一样埋在一个丑陋的坟园子里——都不肯给她；戏班子的人就把她孤零零地埋在了勃艮第街（rue de Bourgogne）的角落。想必她一定难受极了，因为她可是位思想高尚之人。"

"真是野蛮无礼。"老实人说。

"那你要怎样呢?"玛丁说,"这些人就是这副德行。你想想看,那各种的矛盾,各样的互不相容,在政府里、法庭上、教会中,以及这奇怪国家的演出当中,可不是处处都见得着。"

"听说巴黎人总是笑着的,当真如此?"老实人说。

"是有这回事,"那法师回答,"生气发怒也不妨碍。因为他们笑哈哈地抱怨这抱怨那;他们竟可以一边笑一边干着最可恶的事情。"

"那人是谁,"老实人说,"这坏家伙,竟对让我感动得流泪的这出大戏和我喜欢的戏子们说了那么多坏话。"

"那人品行恶劣,"那法师说,"他专靠说所有戏和所有书的坏话吃饭的。谁成功,他就恨谁,就像阉人都憎恨会寻快活的人一样;他是文学界的一条毒蛇,全由泥浆和毒液滋养着;他是个腹黑酸秀才。"

"腹黑酸秀才是什么?"老实人说。

"是专写小册子的人。——一个弗雷隆①。"法师回答。

老实人、玛丁和佩里戈尔的法师就这样靠在戏院楼梯边一边说话,一边看着人们散场离开。

"我虽然迫不及待地想要再见到居内贡小姐,"老实人说,"我却也很愿意和格兰龙小姐②共进晚餐,因为她实在讨人喜欢。"

那法师是不能接近格兰龙小姐的,她接见的全部是上流社会的人。

"她今晚已有约会,"他说,"不过我可以领你到另一个有身份

---

①　弗雷隆(Élie Fréron,1718—1776 年),法国评论家。——译者
②　Mlle Clairon,伏尔泰欣赏的一位女演员,出演过他的多部戏剧。——译者

的夫人家里去,你到那儿去就了解巴黎是怎样的了,少说抵得过你在这儿住上四年的经历。"

老实人自然十分好奇,便跟随他来到这位夫人的家中,在圣奥诺雷(St. Honoré)区的边上。一群人正赌着一局纸牌[①],12 个愁眉苦脸的赌客每人手里攥着一沓牌,仿佛那是他们所有不幸的记录簿。屋子里寂静无声,下注的个个脸上全没了血色,坐庄的则一脸愁苦。女主人坐在那狠心的庄家旁边,忽闪着一双山猫似的眼睛,留心着各家添上的双倍赌注;各位赌客都把牌角卷起来,她则提醒他们把卷起的牌角展平,态度虽还客气,却不容含糊;因为担心丢掉她的主顾,她也不敢露出一丝暴躁。她让人称呼自己巴洛里涅侯爵夫人(marquise de Parolignac)。她的女儿,芳龄十五,也混在赌客们中间,那些可怜人有谁想要扭转这残酷的命运而偷牌作弊,她就立刻给庄家递眼神报告。佩里戈尔的法师、老实人和玛丁进了屋子,没有人站起来,也没有人招呼他们,甚至都没有人看他们一眼,所有人都忙着盯牌。

"森特-登-脱龙克男爵夫人可比这位夫人客气。"老实人说。

那法师凑到侯爵夫人耳边低声说了几句,她便半欠起身子招呼老实人,笑容优雅亲切,对玛丁则是一副高高在上的神态,点了点头。她让人给老实人安排了一个座位,又给了他一副牌,两圈牌的功夫他就输掉了五万法郎。下了牌桌,大家一起快活地吃晚饭,所有人都奇怪他输掉这么多却并不在意。跟仆们也私下议论,用他们之间的话说道:"今晚来的这位准是个英国的爵爷。"

---

① Pharaon,一种纸牌赌博,入局者都面对庄家赌胜负。——译者

这餐饭和在巴黎的大多数情况一样:开头一片寂静,接着就嘈杂一团,也分不清谁在说话,再往后就是各种笑谈,多半都乏味无趣;还有虚假新闻、歪门说理,再掺些政谈,夹上许多的恶言诽谤;甚至新出的书他们也能聊上几句。

"你有没有看过,"那佩里戈尔的法师说,"神学博士谷夏先生①的小说?"

"看了,"客人里有一个回答,"可是我没法读完。我们有的是荒唐的烂书,可是都加在一起也够不上这位神学博士谷夏的愚蠢至极。我是叫这些铺天盖地糟糕透顶的书给腻烦得没了法子,只好来押纸牌消遣。"

"那么副主教 T……②的《文集》呢? 你觉得如何?"那法师说。

"啊!"巴洛里涅侯爵夫人说,"他可烦死我了! 他老是莫名其妙拿谁都知道的事情颠来倒去地说! 什么不值一提的小事,他偏要长篇大论说个没完! 他自己本就无智无趣,却非要从别人那里剽窃! 可是抄来别人的,又被他弄得一塌糊涂! 我对他真是烦透了! 不过,他以后可再烦不着我了;那副主教的书,念上几页就够你受的。"

席间有一位品味高雅的大学问家,他也赞同侯爵夫人的说法。接着话题又转到了悲剧,侯爵夫人询问:为何一些悲戏有时候演演尚可,剧本却是读不下去的。那风雅之士便好好地解释了一通:为何一出戏可以蛮有趣味,却几乎毫无价值。寥寥几句话,他倒讲得明白:把小说中常见的一两个总能吸引观众的场景生搬到戏剧里

---

①　谷夏(Gauchat),反对百科全书派。——译者
②　暗指特布莱(Trublet)神父,他反对启蒙运动时代的哲学家们。——译者

可是远远不够的,要紧的是要新奇而不怪异,常常宏大壮丽又总是自然而然;要懂得人心,还要让心灵说话;要是个大诗人,但永远不要让戏里的人物像个诗人的样子;要完全了解自己的语言,要说得纯粹,还要均匀和谐,要顾及音节而不损害意义。

"有些人,"他接着说,"并不按照这些规则来,也能写出一两出剧场里大受欢迎的悲剧,可是永远无法归入大作家之列。好的悲剧少之又少;有的只是田园牧歌,对话优美,合辙押韵;其余的都是些听着叫人直打瞌睡的政治说教,要么就是令人厌烦的夸张描写;再有就是体裁粗俗的梦魇,没完没了的话题,对诸神长篇累牍的诘责——因为他们根本不懂该如何对人讲话——,虚伪的格言,浮夸的滥调。"

老实人用心听着这一番话,对这位先生心生敬意。由于侯爵夫人特意把他安排在自己身边,他便凑到耳边去问她,这位高谈阔论的先生是谁。

"他是个学者,"侯爵夫人回答,"他从不押牌,神父有时带他来这儿吃晚饭。他最懂剧本和书,还写过一出戏,可演出的时候嘘声一片;他又写了一本书,可除了在他的书铺子那乱糟糟的书堆里,别处再也找不着一册,我这儿倒有一本他亲笔题了名送给我的。"

"大人物啊!"老实人说,"他是又一个邦葛罗斯!"

于是,他转过身去问道:"先生,您一定认为这个世界无论是道德方面还是肉体方面,一切都是最好的安排了,事情该怎样就怎样,不会有另外的样子?"

"我嘛,先生,"那学者回答,"你说的这些我根本没有想过。在我看来,什么事都跟我们作对似的,谁也闹不明白自己是什么身份,什么地位,不知道自己在做什么,又该做什么,全然无知;唯有晚餐,倒总还是让人开心的,彼此间意见一致,气氛和谐,其余的时间里全是愚蠢荒唐的争斗吵闹;冉森教派对莫里纳教派斗,国会的和教会的闹,文人和文人吵,妓女跟妓女争,有钱人和普通百姓抢,太太们跟老爷们叫,亲戚跟亲戚过不去——简直是无穷无尽的战争啊。"

"我见过的比这还糟,"老实人辩驳道,"但是一位学识渊博的学者——后来不幸叫人家给绞死了——,他曾经教给我说这世上什么事都是合适极了的,你说的那些情形只是一幅美丽画作上的阴影。"

"您那位被绞死的朋友是在嘲讽这世界呢,"玛丁说,"这些阴影都是可怕的污点。"

"污点都是人们自己弄出来的,"老实人说,"他们自己也躲避不了。"

"这并不是他们的错。"玛丁说。

剩下的赌客大部分根本听不懂他们的这通争论,各自喝着酒。这边玛丁和那学者还在辩论,那边老实人正把他的冒险经历讲了一些给侯爵夫人听。

吃过晚饭,侯爵夫人领着老实人来到她的小房间,让他坐在一张沙发上。

"好吧!"她对他说,"那么说你疯狂地爱着那森特-登-脱龙克的居内贡姑娘了。"

"是的,夫人。"老实人回答。

侯爵夫人温柔地笑着还击:"听你这回答,就知道你这年轻人是威斯特伐利亚来的。要是一个法国人,他就会说,'我从前的确爱过居内贡小姐,可是现在见了您,夫人,我想我不再爱她了。'"

"啊呀,夫人!"老实人说,"那我就按您想要的回答。"

"你对她的一番热情,"侯爵夫人说,"开头是替她捡一块手帕,我想让你替我捡起我的袜带。"

"心甘情愿。"老实人说,低头捡起了袜带。

"可我还想让你帮我套上去。"夫人说。

老实人给她套上了。

"瞧,"她说,"你终究是个外来客。我有时叫我那些巴黎的恋人心焦地等上半个月,可是今晚初次见面我就顺从于你,因为我们总得对威斯特伐利亚来的年轻人表示点儿敬意。"

那夫人早看到年轻客人手指上两枚巨大的钻石,便绝口称羡,最终将它们从老实人的手上移到自己手上去了。

老实人跟那小法师一道回去,对于自己对居内贡小姐的不忠,心里有些懊悔。那法师对他表示同情,安慰着他;老实人在赌局上丢掉的五百万中他只得了一小份,还有那两颗半给半抢的钻石,他也只分到了一点儿好处。他的计划是沾足他这位新朋友的光,尽可能地捞好处。他总是提起居内贡姑娘,老实人告诉他,等这回到威尼斯见着她的时候,一定求她饶恕他在这里做的亏心事。

那小法师更是加倍地殷勤礼貌,更加周到地关心伺候,老实人说什么,做什么,想要什么,他都表示出格外的体贴。

"这么说来,先生,"他说,"你还得到威尼斯去赴约?"

"是呀,法师先生,"老实人说,"我必须到那儿去找我的居内贡小姐。"

说起了他的心上人儿,他更来了兴致,索性把他和那大名鼎鼎的威斯特伐利亚小姐的情史讲给那法师听。

"我猜，"那法师说，"这位居内贡小姐一定风趣幽默，她写来的书信也一定悦心动人。"

"我还从没收到过她的信，"老实人说，"你想想看，自打我因为爱上她而被从那爵府里赶了出来，就没有机会写信给她。没过多久，我就听说她已经死了；后来我找到了她；再后来我又把她弄丢了；我找了信使，从这两千五百里之外送信给她，我正等着她的回信呢。"

那法师用心听他讲述，仿佛已经陷入了幻想。过了不一会儿，他很是亲密地拥抱了这两个外国朋友，便告辞离开了。第二天，老实人刚醒过来，便收到了一封信，信中写道：

> 我的至爱，我在这城中病倒，已经八天了。我听说你也在此地。我要是能够动弹，恨不得飞到你的怀抱里去。我知道你也是从波尔多来的，我来的时候把忠诚的加刚菩和老妇人留在了那里，他们很快会来和我会合。布宜诺斯艾利斯的总督拿走了所有的东西，可我还拥有你的心。来吧，见到你能叫我再活过来，或者高兴得死过去。

这封信舒心悦目，让人出乎意料，把老实人欢喜得什么似的，可一想到亲爱的居内贡小姐正病魔缠身，他又不禁满心忧伤。这一喜一悲分裂着他，于是他带上金子和钻石，叫着玛丁匆匆出门，坐上车往居内贡小姐住着的客栈赶去。他走进她的房间，激动得浑身颤抖，心脏突突直跳，说话声音抽噎着，他想掀开床边的帐子，借着亮来看看清楚。

"请您当心些，"那女仆说，"她不能见光。"又立刻把床帐拉拢回来。

"我的亲爱的居内贡,"老实人说,眼里满是泪,"你怎么样了?你要是不能看看我,至少和我说说话吧。"

"她不能说话。"那女仆说。

女仆从帐子里扯出一只胖乎乎的手来,老实人握住不放,眼泪哗哗直流,啪嗒啪嗒掉在手上。他掏出钻石来塞满了她一手,又把一口袋的金子放在床边的一张扶手椅上。

正当他神魂颠倒的时候,冲进来一名警官,后面跟着那小法师和一班士兵。

"就在这儿,"小法师说,"那两个外国来的嫌犯。"那警官立即吩咐跟随的士兵抓住他们,并下令把他们投进监牢。

"黄金国可不是这样招待客人的。"老实人说。

"我越发是个摩尼教徒了。"玛丁说。

"但是,先生,您要把我们带到哪里去呢?"老实人说。

"到地牢里去。"那警官回答。

玛丁冷静了下来,他料定床上装作居内贡的是个骗子,那佩里戈尔的法师是个无赖,他存心把老实人的老实无辜愚弄个够,还有那警官也是个坏蛋,想要摆脱掉他倒是不难。

听了玛丁的话,老实人恍然大悟,心里又着急见到真的居内贡,才不愿意到法庭上去打官司,他就向那警官提议:放了他,就给他三颗小钻石,每颗价值三千皮斯托尔。

"啊,先生,"手持象牙手杖的那人说道,"哪怕你犯尽了所有想得到的罪,你还是世上最诚实的一个。三颗钻石!每颗都价值三千!先生,我宁愿搭上性命为你效劳,绝不会把你送到监牢里去。"

所有的外国人都会被抓去坐牢,可是我自有办法:我有一个兄弟在诺曼底①的迪耶普港②。我带你上那儿去,你要是再能给他几颗钻石,他一定肯和我一样来保护你。"

"可是为什么,"老实人说,"要抓走所有外国人?"

这时,那佩里戈尔的法师开口说话了,"那是因为阿特雷巴蒂地方的一个穷无赖听信了蠢话,上了当去弑君谋反,并不是1610年5月那一类的事件,而是1594年12月那一类的,还有其他的祸,是其他无赖听了谣言之后在其他年份和月份闯下的。"

那警官又解释了一番。

"啊,都是鬼怪!"老实人喊道,"怎么! 这儿的人又唱又跳的,竟还有如此可怕的事情! 难道我就不能赶快离开这猴子戏弄老虎的地方? 我在我们那国家见过狗熊,但是真正的人我只在黄金国见过。看在上帝的份上,警官先生,带我到威尼斯去吧,我要在那里等待我的居内贡小姐。"

"我只能带你去下诺曼底。"那警官说。

他立刻派人摘掉了他的手铐,说自己是认错了人,遣开了他带来的人,领着老实人和玛丁动身往迪耶普去,到了就把他们交给了他的兄弟。

港口停着一只荷兰小船。那位诺曼底的朋友,得了三颗钻石,把他们服侍得贴心周到。这船正将启航前往英国的朴次茅斯,他便把老实人一行送上了船。这不是去威尼斯的路,可是老实人觉得总算逃离了地狱,并且计划一得着机会就取道往威尼斯去。

---

① 诺曼底(Normandie),法国旧省,包括现上诺曼底和下诺曼底两个大区。——译者
② 迪耶普(Dieppe),法国城镇,旅游胜地、渔港和商港,位于滨海塞纳省。——译者

第 二 十 三 章

老实人和玛丁抵达英国海岸，以及所见的情形

"啊！邦葛罗斯！邦葛罗斯！啊！玛丁！玛丁！啊！我亲爱的居内贡，这世界到底怎么回事？"老实人在那荷兰船上说。

"是既愚蠢又可憎的东西。"玛丁说。

"你了解英国吗？英国人也同法国人一样蠢吗？"

"他们是另一种蠢，"玛丁说，"你知道吗，这两个国家在加拿大为一小块儿雪地还打着仗呢，打来打去花费的就比整个加拿大都值钱。准确地说，到底哪一个国家有更多的人该被关起来，我这点儿粗浅的见识实在回答不来。我只知道我们快要见到的那些人大体都是阴沉忧郁的。"

他们正讲着话，船已经停靠了朴次茅斯。沿岸挤满了人，眼睛全盯着一个体面之人，那人眼上蒙着布带，跪在港口舰队一条战船的甲板上。四个大兵面对他站着，每人对准他的脑袋发了三枪，态度都镇静到了极点；围观的人群随之散去，全都一副满意的样子。

"这是怎么回事？"老实人说，"又是什么魔鬼在这国度里作威作福的？"

他又问方才经过一番仪式处死的是个什么人物。人们告诉

他,那是一位海军上将。

"为什么要杀这个海军上将?"

"因为,"人们回答,"他下令杀的人太少了。他同一个法国的海军上将开战,他们发现他离着他的敌人不够近。"

"可是,"老实人说,"那法国的海军上将不是离着他也一样远吗?"

"话是没错儿,"旁人辩解道,"但是在我们这儿,最好时不时就杀死个海军上将,好给其他人鼓鼓劲儿。"

这些亲眼所见和亲耳所听让老实人的心里既震惊又厌恶,不想踏上岸边一步,便同那荷兰船主(哪怕他也像苏里南船主那样偷走他的财宝呢)讲价,要他马上开船,载了他们到威尼斯去。

过了两天,船预备开了。他们沿着法国海岸走,路过一处地方,望得见里斯本,老实人直发抖。他们过了海峡,进入地中海,最后在威尼斯上了岸。

"谢天谢地!"老实人说,紧抱着玛丁。"我将在这里重见我那美丽的居内贡。我相信加刚菩和相信我自己一样。事事都合适,事事将顺利,事事都是再好没有的。"

第 二 十 四 章

巴该德和奚罗弗莱修士

他们一来到威尼斯，便去寻找加刚菩，什么客店、咖啡馆、窑子，全跑了个遍，但都一无所获。老实人又每天派人去进港的船上查问，也没有一点儿加刚菩的消息。

"怎么！"他对玛丁说，"我已经从苏里南到了到波尔多，又从波尔多到巴黎，从巴黎到迪耶普，从迪耶普到朴次茅斯，又绕着葡萄牙和西班牙的海岸，走了大半个地中海，花了好几个月来到了威尼斯，怎么，我那美丽的居内贡还没有到这儿！她还没有见着，倒见着了一个巴黎婊子和一个佩里戈尔的法师。居内贡一定是死了，我也只剩下一死了之。唉！早知如此，何不就待在黄金国的天堂里，回到这倒霉的欧洲来做什么！你的话是对的，玛丁，一切都是幻想，都是苦恼啊。"

他又陷入了黯然无边的忧郁，不去听流行的戏，也不去参加狂欢节的娱乐活动，没有哪个女人能引起他的丝毫兴趣。

"你真是头脑简单，"玛丁对他说，"竟相信一个杂种的听差，口袋里放着五六百万的现金，会跑去地球的尽头帮忙找你的心上人，还把她带到威尼斯来。他要是找着她了，还不留给自己；要是找不着，也会另外给自己寻上一个！我劝你还是忘了你的加刚菩当差和你那心上人儿居内贡吧。”

玛丁的话没能安慰他。老实人的忧郁更加重了。玛丁还不停地劝说他：这世上本来就没有多少德行和好运，黄金国或许是个例外，可是那里谁也进不去。

正当他们一边争论这个话题，一边等待居内贡的时候，老实人瞧见在圣马可（St. Marc）广场上，有个年轻的德亚底安修会①修士，手臂里挽着一个姑娘。那修士一脸好气色，身材富态，精神焕发；他双眼炯炯有神，举止坚定，胸有成竹，面色里透着红光，步态中显出傲慢。那姑娘十分美艳，口里还唱着歌；她满怀深情地望着她的修士，不时伸手去捏捏他的胖脸颊。

“至少你得承认，”老实人对玛丁说，“这两个人是快乐的。直到现在，所有住人的地方，除了在黄金国，我碰到的全是倒霉蛋；可是眼前这位姑娘和她的修士，我敢打赌，他俩是快乐的。”

“我赌他们并不快乐。”玛丁说。

“咱们只要请他们来吃饭，”老实人说，“你就能知道我有没有说错。”

于是，他上前去同他们打招呼，说了些客套话，并邀请他们到他的客栈里吃意大利通心面、伦巴第②的山鹑、鲟鱼子酱，喝蒙特布查诺③红葡萄酒、麝香葡萄酒④，还有塞浦路斯和萨莫斯出产的

①　Théatin，1524 年创立。——译者
②　伦巴第（Lombardie），意大利北部大区。——译者
③　Montepulciano，属酿酒葡萄的一种，是红葡萄品种，用以酿造红葡萄酒。——译者
④　lacryma-christi，意大利南部产的一种麝香葡萄酒。——译者

美酒。那姑娘不好意思地红了脸颊，那修士则一口答应，姑娘也就跟着他走，边走边盯着老实人看，满脸惊奇疑惑，眼里噙着泪水。刚一走进老实人的房间，她就对他说：

"怎么！老实人先生，你不认识巴该德了？"

老实人还不曾留心看过她，他满脑子想的都是居内贡，听了这话，他才认出："哎呀！"他说，"我可怜的孩子，就是因为你，邦葛罗斯博士才落得那么惨啊？"

"唉！先生，正是为了我，"巴该德回答说，"看来你什么都知道了。我也听说了男爵夫人一家，还有居内贡小姐经历的可怕的不幸。跟你说吧，我的命运也一点儿不比他们强。你才见我的时候，我是多么天真纯洁。一个方济各会的修士，他是我的忏悔神父，很容易就骗我上了当。接下来发生的一切就更悲惨了。自打你叫男爵先生那狠狠几脚踢出了府宅之后，没过多久我也不得不离开了那儿。要不是碰着了一个有名的医生可怜我救了我，我早就没命了。为了报恩，我成了那医生的情妇。他的太太嫉妒得发疯，每天狠命地打我，她真是个彪悍的妇人。那医生是男人里最丑的一个，而我是女人中最倒霉的一个，为着他，我天天挨打，而我根本不爱他。你知道，先生，一个坏脾气的女人嫁给一名医生是件多么危险的事情。他被他太太的无理取闹也气急了，有一天她轻微伤风，他就给了她一些药吃，那药灵极了，才两个钟头的功夫，她就怪吓人地抽搐起来，不一会儿便死掉了。他太太的娘家要告他，他逃掉了，我却被关进了牢里。亏得我还有几分姿色，这才得救，否则再无辜也没用处。法官把我放了，条件是他取代医生来占有我。可不久，我的位置又叫另一个女人抢了去。我被赶了出来，一无所有,没法子只能继续这可恶可憎的营生,这在你们男人们看来的快活事儿,在我们女人自己简直是苦难的深渊。我到威尼斯来干这老本行。啊!先生,你能想象吗,不论谁来,管他是个老商人、律师、僧人,还是撑船的或者神父,我都得没分别地抱着摸;各种羞呀、辱啊,都得受着;常常穷得跟人借裙子穿,可穿上了还不是又叫一个恶心的男人给撩了起来;好不容易从这个人身上赚一点儿钱,又叫另一个给偷了去;还得受官差的勒索敲诈;前途望过去就只一个丑陋的老年,一家医院,一座荒坟。这样看看,我可不就是这世界上顶不幸的人堆儿里的一个。”

巴该德就在小房间里对好心的老实人敞开心扉,说了这一番话,玛丁也在一旁听着。听完了,玛丁就对他的朋友说:“你瞧,我已经赢一半了。”

奚罗弗莱修士(Giroflée)留在餐厅里,先喝下一杯酒,等待晚餐。

“可是,”老实人对巴该德说,“我刚才碰见你的时候你那样子多么开心,多么满足;你唱着歌儿,偎着那修士多么亲热,我还以为你是幸福的,谁知你这么说来却正好相反。”

“啊!先生,”巴该德回说,“这也是我们这行当最悲惨的一点。昨天我才叫一个长官抢走了钱,还挨了他的打,可是今天就得装出笑脸,来讨好一个修士。”

老实人不再往下问了,他承认玛丁是对的。他们坐下来和修士一起吃饭,饭菜挺不错;吃到最后,他们已经彼此信任地相互交谈,随便聊天。

“神父,”老实人对那僧人说,“我看你真是命好,谁都得羡慕你;健康的鲜花在你的脸上绽放,从你的表情就看出你够幸福;你有一个顶漂亮的姑娘替你解闷，看起来你对于修士的身份也很满意。"

"说真的，先生，"奚罗弗莱修士说，"我真希望所有的德亚底安修会的修士都沉到海底去。我有上百次都想放把火烧了修道院，自己干脆跑了去做土耳其人。我的爹妈在我十五岁那年就逼着我穿上了这身讨厌的袍子，为的是替一个走了霉运、一事无成的哥哥多留些钱。修道院里到处是妒忌、分歧、暴怒。当然，我也曾做过几次不好的布道，赚到点儿钱，一半都叫院长偷去了，剩下的一半用来维系我的女人们。可是晚上一回到修道院里，我真恨不得一头撞死在宿舍的墙壁上算了。其他修士也都是一样的情形。"

玛丁转身向着老实人，还是他平常那冷冰冰的态度。

"好了，"他说，"这回是我全赢了吧？"

老实人给了巴该德两千皮阿斯特，奚罗弗莱修士一千。

"我敢说，"他说，"有了这些钱他们会幸福的。"

"我一点也不信，"玛丁说，"你给了他们这点儿钱，也许倒会让他们更加不幸。"

"将来该怎样就怎样，"老实人说，"但有一件事情我很宽慰，我发现有些人我们以为再也见不到了，却常常又会重逢，就像我碰着了我那红羊和巴该德，或许我也能再见着居内贡。"

"我但愿，"玛丁说，"有一天她能使你幸福，可我深表怀疑。"

"你真是冷酷无情。"老实人说。

"那是因为我饱经世事。"玛丁说。

"看看那些撑船的人，"老实人说，"他们不是总在唱歌吗？"

"那是你没看到他们回到家，"玛丁说，"面对老婆和孩子们的时候。威尼斯的总督①有他的烦恼,撑船的人也有他们的。当然总的说来,当个撑船工的生活,比做总督的要强。不过在我看来,这区别太细微,不值得深究。"

"常听人说起,"老实人说,"有位波谷居朗泰(Pococuranté)元老,他住在布伦塔岛上的宫殿里,接待外来客总是热情万分。人们都说他从没有过任何烦恼。"

"我倒想去见见这个稀罕人。"玛丁说。

老实人立即派人去请求那议员元老,准许他们第二天上门拜会。

① 原文为 doge,(中世纪威尼斯等共和国的)督治,总督。——译者

第 二 十 五 章

拜访一位威尼斯的贵族波谷居朗泰元老

老实人和玛丁在布伦塔岛上坐上一只冈朵拉，来到了高贵的波谷居朗泰先生的府邸。他的花园打理得精致有序，精美的大理石雕像装点其间。那府第里的建筑也十分美观。府邸主人是一位60岁的老先生，富裕阔绰，颇有礼貌地接待了两位好奇的来访者，但并不怎么热情。老实人有些不自在，玛丁却毫不在意。

先走出来两位俏美的姑娘，穿着得体，为客人们端上可可茶，泡沫打得恰到好处。老实人不禁夸奖她们的美貌、优雅和聪慧。

"这些姑娘的确不错，"那元老说，"我有时叫她们陪我睡觉，因为城里的那些太太们真叫人心烦，她们那骄纵媚态，那相互嫉妒，那争来吵去，那幽默方式，那小肚鸡肠，那骄傲自大，那又愚又蠢，更别提还得自己写或者请人代写十四行诗来讨好她们，真是烦透了。不过，话说回来，这两个姑娘我也有些厌倦了。"

吃过午饭，老实人在长廊里散步，让他惊奇的是，那里挂着些精美的画作。他便询问前面的两张出自哪位画师。

"是拉斐尔的画，"元老说，"那是好几年前了，我为着争个面子，花了大价钱买来的。据说这是意大利最美的两幅画，可我一点儿也不喜欢:画的颜色太过黯淡,人的身材不够圆润,一点儿也不逼真,那衣褶看上去根本不像织物。总之,随便人们怎么说,我在这张画上完全看不出对大自然真实的模仿。我喜欢的画必须能让我感受到大自然本身:而这些全不是这一类。我有不少画呢,我现在看都不看了。"

等待晚餐的空当儿,波谷居朗泰元老安排了一场协奏曲音乐会。老实人觉得那音乐真是美妙动听。

"这动静,"那元老说,"听半个钟头还觉得消遣;可要是时间再长,谁听了都会烦,虽然没人敢说出来。如今的音乐艺术,就只是演奏些高难度的曲子,可单单只是难的东西不可能长久讨得喜欢。"

"或许我还是更喜欢歌剧,假如他们没有找到那秘方把它弄成这么个让人反感的怪物模样。你去看看,谁愿意看那些配上音乐的一塌糊涂的悲剧,那些布景不过是为了蹩脚地应个景,供剧中的女角儿出来唱三两支不伦不类的曲儿,卖弄卖弄歌喉罢了;要么就是有人愿意或者看得了阉人似的角儿哼唧扭捏地扮着恺撒或是加东,还乐得什么似的。我嘛,早就放弃这种无聊的娱乐了,这如今还成了意大利的荣耀,各国的君主纷纷出了大价钱来看呢。"

老实人又争辩了几句,话倒是说得谨慎。玛丁则完全赞同元老一边。

他们坐下来吃饭。一顿美味的晚餐后,他们走进了书房。老实人见有一本荷马①的书装帧精美,就极口夸奖主人的品位。

---

① 荷马(Homère,约公元前 850 年),古希腊史诗诗人,著有《伊利亚特》和《奥德赛》。——译者

"这本书,"他说,"当初可是邦葛罗斯大博士顶喜爱的,他是德国最厉害的哲学家。"

"这书不是我的,"波谷居朗泰元老冷冰冰地回答,"我曾经还真听信了这书读起来会有趣。可是书中那接连重复的战争,每一次都大同小异;各路神明忙来忙去,却并没做成什么事;那海伦,正是她引来了战争,可是全书都难得露个面;还有那特洛伊城,总是围着打,却总也攻不下来;这些个事儿,我看了就厌烦。我也问过几位大学问家是不是跟我一样。诚实些的都承认一读那部诗就会打瞌睡,可他们总还得把它放在书房里,古文物一样地供起来,就跟他们留着生锈的古代硬币再也花不出去一个样儿。"

"阁下大人读维吉尔①的书会不会感觉不一样?"老实人问道。

"我承认,"波谷居朗泰元老回说,"《阿奈德人》(*Énéide*)的第二、第四和第六章很出色。可要是说起他的虔诚的埃内,强势的克洛昂特,阿沙特朋友,幼小的阿斯卡尼俄斯,愚蠢的拉蒂努斯国王,市侩的阿马塔和平庸的拉维尼亚,再没有这般冷酷和比这些更惹人厌的了。我更喜欢塔斯②和阿里奥斯托③的那些叫人站着听都能睡着的故事。"

"我斗胆问一句,先生,"老实人说,"贺拉斯④的作品您是否喜欢?"

"这位作家有许多格言,"波谷居朗泰元老说,"平常人看了多

---

① 维吉尔(Virgile,公元前 70—前 19 年),古罗马最伟大的诗人。——译者
② 塔斯(Tasse),意大利诗人。——译者
③ 阿里奥斯托(Arioste,Ludovico,1474—1533 年),意大利诗人。——译者
④ 贺拉斯(Horace,公元前 65—前 8 年),古罗马诗人。——译者

有好处，而且这些句子又都集中在铿锵有力的诗句当中，读了更容易记住。可我不喜欢他的布林德斯之旅，他描写的那顿糟糕的晚餐，还有那段粗野之辈的争吵：一边是不知一个什么普皮立斯，满口的话，照他说来，好像流满脓液；另一边的那位说出的话都酸溜溜的浸满醋意。我只读过他的一些咒骂老女人和巫婆的粗言俗语，恶心透了。他还对他的朋友梅塞纳斯说，要是把他归入抒情诗人之列，他那崇高的额头将碰得着天上的星星，在我看来简直毫无意义。傻子才会认为有名望的作者便什么都好。我读书只为我自己，我只喜欢合我口味的东西。"

长这么大，老实人学会的就是不要自己做出评判，听了这番话，他煞是惊奇。玛丁却认为波谷居朗泰元老的思考方式有些道理。

"喔！这个是西塞罗①的，"老实人说，"这位大人物我想您读了一定不会烦吧？"

"我从不读他的书，"那威尼斯人说，"管他是为拉比尤斯，还是克龙底斯辩护，于我何干？我自己判过的案子就够多了。我读他的哲学作品倒还舒服些。可当我发现他对什么都怀疑时，我就有结论了：我懂的不比他少，何必当自己无知，跟着别人学？"

"啊！这是科学院八十卷的论文，"玛丁叫道，"这里面或许有些有价值的东西。"

"或许吧，"波谷居朗泰元老说，"在那些废纸堆里没准儿还能找出某个作者发明了做别针的法子，可在这一大堆书里什么都没

---

① 西塞罗（Cicéron，公元前106—前43年），古罗马政治家、演说家。——译者

有,除了无用的体系,一丁点儿有用的内容都找不到。"

"我在这儿看到了好多戏剧著作,"老实人说,"有意大利文、西班牙文,法文的。"

"是的,"那元老说,"有三千部呢,可是好的连三打都数不出。那一堆说教的集子,全加上也抵不过塞内克①一页书的价值;还有这些大部头的神学书,你相信吗,我从没打开过,不仅是我,根本没人翻开过。"

玛丁见一个书架上放满了英国书。

"我想,"他说,"这类自由创作的书籍,共和派的人多半会喜欢读。"

"是的,"波谷居朗泰元老回答,"能写出心中所想,的确是件美妙的事情:这是人类的特权。在意大利,人们写出的东西都言不由衷;恺撒和安东尼努斯国度的人们未得到多明我派修士的许可绝不敢擅自持有观点。若能拥有那启发了英国人天才的自由我自然是乐得,当然这宝贵自由的价值不能给党派的狂热和思想糟蹋了去。"

老实人见着一本弥尔顿②,便问那元老是否认为这位作家是一个伟人。

"谁?"波谷居朗泰元老说,"你是说那个写了十卷枯燥的诗句,来注解《创世记》第一章的野蛮人?他学希腊人只学了个皮毛,歪曲了创世的故事;本来摩西代表着上帝,一句话就诞生了世界;而

---

①　塞内克(Sénèque,公元前一世纪),古罗马作家、哲学家。——译者

②　弥尔顿(Milton, John,1608—1674 年),英国诗人,其地位仅次于莎士比亚。——译者

他却叫弥赛亚从天堂的武库里拿了一把大圆规,来勾画摩西的作品！我怎么能欣赏这么个作者:他弄糟了塔斯的地狱和魔鬼;他一会儿把路西法变成一只蟾蜍,一会儿又把他变成小矮人,叫他几百遍地重复同样的话,还叫他讨论神学;他竟认真地模仿阿里奥斯托发明火器的滑稽内容,教那些魔鬼在天堂放火开炮？不仅是我,在意大利谁都看不上那些个蹩脚的胡言乱语。那罪恶与死亡的联姻,还有那罪恶诞下的一群蛇,稍有高雅品位的人看了都要反胃。他那描写医疗所的一大段文字只适合给掘墓人看。这篇阴郁、怪异,又招人讨厌的诗一写出来就遭人唾骂,我今天也无非是拿他本国同时代人们的眼光去看它罢了。不过,我说的是心里话,至于旁人是否同我一样看法,我也无所谓。”

老实人听了这些话,心里很是苦恼,因为他尊崇荷马,喜欢弥尔顿。

“唉!”他低声对玛丁说,“我担心这位先生也看不起咱们德国的诗人。”

“那也没什么大不了。”玛丁说。

“喔! 真是一位上等人。”老实人自言自语,“这位元老先生真是了不得的天才! 什么都入不了他的眼。”

浏览完书房里的书,他们下楼来到花园。老实人看哪里都美,一路夸赞。

“这里的品位再糟糕不过了,”那主人说,“你见的都是些不值钱小玩意,明天起我要派人把它收拾出个高贵的样儿来。”

两位好奇之人辞别了阁下大人,老实人对玛丁说,“我说,这回你该同意了吧,这一位就是所有人里最幸福的,因为他高高在上,凌驾于拥有的一切。"

"你没见吗，"玛丁回答，"对拥有的一切，他都厌烦？柏拉图[①]早就说过，什么食物都吃不进去的肠胃，不是好的肠胃。"

"可是，"老实人说，"能对一切提出批评，能在旁人看了只觉得美的事物上找到缺陷，这难道不是乐趣吗？"

"这话就等于是说，"玛丁回答，"没有乐趣也是一种乐趣。"

"哦，好吧，"老实人说，"我要是能再见到居内贡小姐，我就是那唯一快活的人。"

"有希望终究是好的。"玛丁说。

日子照旧地过，一个礼拜接着又是一个。加刚菩还是没有回来，老实人愁云惨淡，根本无暇理会巴该德和那奚罗弗莱修士怎么都不曾回来向他道谢。

---

①　柏拉图（Platon，公元前 427—前 347 年），古希腊三大哲学家之一，苏格拉底的学生，亚里士多德的老师，主张建立理想国。——译者

第 二 十 六 章

老实人和玛丁同六个外来客吃饭，以及他们都是谁

一天晚上，老实人和玛丁正待落座，准备与客店的几个外乡人一同吃饭时，一个满脸黑煤渣似的男人从身后追了上来，拉住老实人的手臂，口中说着："快快收拾了跟我们走，别误了点儿。"

老实人转过身来，此人正是加刚菩！除了见到居内贡小姐，再没有什么能让他更加惊喜了。这一见他简直乐得快要疯了，一把抱住他的好朋友。

"居内贡也来了，一定的！她在哪儿？快领我去见她，好叫我和她快活死。"

"居内贡没有来，"加刚菩说，"她在君士坦丁堡。"

"啊，我的天！在君士坦丁堡！哪怕她在中国，我也飞了去找她！我们走吧。"

"咱们晚饭后走，"加刚菩说，"多的话我还不能和你说，我现在是一个奴隶，我的主人在等我，我得去伺候他吃饭！什么话也不要讲，就吃饭，然后去准备好。"

这一来，老实人真是悲喜交加，高兴的是又见着了他忠实的委托人，吃惊的是他如今成了奴隶。他满脑子全是找到他的心上人，

心里砰砰乱跳,思路也全糊涂了。他同玛丁坐到饭桌前,玛丁就冷眼旁观不去理会。同桌吃饭的另有六个外乡来客,都是凑热闹到威尼斯观看狂欢节的。

晚饭临近结束时,加刚菩为其中一位客人倒酒,并凑近他主人耳旁,轻声说道:

"启禀陛下,船已备好,可随时起驾。"

说完,他便出去了。同座的人都觉得惊讶,彼此看了看,却没说一句话。又进来一个仆人,走近他的主人,说道:

"启禀陛下,御驾已在帕多瓦等候,船已备齐。"

主人点头示意,那仆役便出去了。在座的客人又相互对视,都觉得格外诧异。第三个差役又走近第三位外乡客,对他说道:

"启禀陛下,此地不宜久留,我这就去收拾东西。"

随即,他也不见了。

老实人和玛丁心想这一定是狂欢节的假面队伍了。第四个仆人又来对第四位客人说:"启禀陛下,随时可以启程。"

说完他也走了。第五个仆役也来对他的主人说了同样的话。但第六个仆役对第六位客人说的不同,他的主人就坐在老实人旁边:

"真的,陛下,他们不会再给陛下赊账,对我也不会了,咱们俩也许今晚就得进监牢,我只能顾自己了,再会吧。"

仆役们全走了,那六个外乡客、老实人和玛丁都一声不响闷坐着。最后,还是老实人先开了口。

"诸位先生,"他说,"这玩笑开得挺有趣啊。可为什么你们全假扮国王?我不是国王,这位玛丁先生也不是。"

加刚菩的主人先回答，他一口意大利语，神情极为严肃。

"我不是开玩笑。我是艾哈迈德三世，做过多年的苏丹。我篡了我哥哥的位，我的侄子又篡了我的位，我的大臣全被杀了，我只得在旧王宫里聊度余生。我的侄子，伟大的马哈茂德苏丹，允许我为身体健康之故出来疗养，我是到威尼斯过狂欢节的。"

坐在艾哈迈德旁边的一个年轻人第二个开口说话：

"我的名字叫伊凡。我本是大俄罗斯的皇帝，可还在摇篮里就叫人家篡了位，爹妈也被关进了监牢，我就在牢房里长大。有时他们也允许我出来走走，随从们都是看着我的；我是到威尼斯过狂欢节的。"

第三个说："我是查理·爱德华，英国国王，我的父亲把他的王权移让给我。我曾为维护王权而战斗，我的八百名游击队员全叫他们给剜去了心，打肿了脸。我也被关进了监牢。我要去罗马拜会我的国王父亲，他也同我和我的祖父一样，被别人篡取了王位。我是到威尼斯过狂欢节的。"

轮到第四个说了："我是波兰国王。战争夺走了我世袭的所有版图，我的父亲也遭受了一样的变故。我也和艾哈迈德苏丹、伊凡皇帝和查理·爱德华国王一样，听天由命，上帝会保佑他们长命。我是到威尼斯过狂欢节的。"

第五个说："我也是波兰国王，两次丢掉了我的王国，但是老天又给了我另一个国度，在维斯瓦河的两岸，萨尔马特人①的所有国王都不如我做得好。我也是悉听天命，我是到威尼斯过狂欢

————————

① 起源于伊朗的游牧民族。——译者

节的。"

最后轮到第六位君主说话："诸位先生,我比不上各位身份高贵,但我也是一个国王。我叫泰奥多尔,当选了科西嘉岛①的国王。过去大家都尊称我'陛下',而现在连'先生'也不肯叫了;我铸造过钱币,现在却一个子儿也没有;从前我有左右丞相辅佐,现在却几乎一个仆役也没剩下;我坐上过国王的宝位,我也在伦敦的牢狱里呆过很久,就睡在稻草上。我真怕又在此地受到同样的对待,我身在此,同诸位陛下一样,也是到威尼斯过狂欢节的。"

前面那五位国王听了他这番诉苦,十分同情。他们每人掏出二十西昆币②来给他买布做衣裳。老实人送了他一颗钻石,价值足足两千。

"这个平民是谁呀?"那五位国王说道,"竟能拿出一份比咱们高出一百倍的大礼,而且他真的给了出去!"

他们用罢晚餐,正从桌边起身,客栈里又进来了四位尊贵的殿下,他们也都是因为战争丢了各自的领土,到威尼斯参加最后几天的狂欢节的。老实人可没有心思顾及新来的客人们,他一心就想着到君士坦丁堡去寻找他心爱的居内贡呢。

---

① 科西嘉岛(Corse),法国岛屿,位于地中海。——译者
② sequin,古时意大利和埃及的金币。——译者

第 二 十 七 章

老实人来到君士坦丁堡

忠心耿耿的加刚菩已经同艾哈迈德苏川的土耳其船家谈妥，让老实人和玛丁搭船去君士坦丁堡。两人对那可怜的陛下拜了又拜，便准备登船。

路上，老实人对玛丁说，"你看，我们刚刚同六个被篡了位的国王一同吃饭！其中有一个还得了我的施舍。没准儿还有好多更倒运的王子呢。而我，不过丢了一百头羊，可我马上就能投进居内贡的怀抱了。我亲爱的玛丁，这再次证明，邦葛罗斯是对的：一切都是合适的。"

"但愿如此。"玛丁说。

"可是话说回来，"老实人说，"我们在威尼斯碰着的事情实在稀奇。从没见过也不曾听说过六个被篡权的国王在一家客店里一同吃饭的。"

"这和我们遇到的大多数情形相比，"玛丁说，"也算不上特别奇特了。国王被废是稀松平常的事情，至于我们有幸同他们共进晚餐，那就更加不值一提。"

老实人一上船，就扑上去抱住了他的老当差老朋友加刚菩。

"好了，"他说，"快说说，居内贡怎么样了？是不是还像原来那样美？她还爱我吗？她好不好？你一定替她在君士坦丁堡买了座王宫，是不是？"

"我亲爱的主人，"加刚菩说："居内贡在普罗蓬提德①的河边洗碗呢，她的主人是个亲王，家里一共也没几只碗。那是一家旧王族，名叫拉戈斯奇，土耳其王避难期间每天给他三埃居。可最令人伤心的，是她已经失去了美貌，她现在变得无比丑陋。"

"啊！管她是美还是丑，"老实人说，"我可是说话算数的，我的责任就是一直爱她。可是她有了你带去的那五六百万，怎么还会落得如此卑贱？"

"哎，"加刚菩说："我不是给了那布宜诺斯艾利斯的统辖瓦拉特、菲格奥拉、马斯卡雷纳斯、兰普度斯和索萨五处领地的总督唐·费尔南多二百万，他才让我带走居内贡吗？剩余的不是又叫一个海盗狠心地全抢了去？那海盗不是带着我们到了马塔朋海峡，又到了米罗②、尼加利、萨莫斯、彼得拉、达达尼尔海峡③、马莫拉④、斯库塔里⑤吗？居内贡和那老妇人伺候我方才说的亲王，我就给那位被篡了权的苏丹当奴隶。"

"怎么，接连发生了这么一串可怕的灾难！"老实人叫说，"不管怎么说，我这里还剩下几颗钻石，赎回居内贡总还容易。可是她变

---

① 普罗蓬提德（Propontide），马尔拉海（巴尔干半岛和小亚细亚之间）的旧称。——译者

② 米罗（Milo），希腊岛屿，位于爱琴海。——译者

③ 达达尼尔海峡（Dardanelles），土耳其西北部的狭长海峡，马尔马拉海通向地中海的咽喉。——译者

④ 马莫拉（Marmara），土耳其内海。——译者

⑤ 斯库塔里（Scutari），土耳其伊斯坦布尔郊区。——译者

丑了，真是遗憾。"

接着，他转身对玛丁说："现在你看谁最可怜——那苏丹艾哈迈德、俄皇伊凡、英王查理·爱德华，还是我自己？"

"我哪里知道！"玛丁回说，"我钻不到你们的心窝里去，怎么晓得？"

"啊！"老实人说，"邦葛罗斯要是在这儿，他准知道，也一定会告诉我们。"

"我不知道，"玛丁说，"你的邦葛罗斯用什么砝码来衡量人类的不幸，判定人们的苦恼。我敢说的无非是，这世界上有上百万的人比那查理·爱德华国王、伊凡皇帝，或是艾哈迈德苏丹还要苦恼得多呢。"

"或许果真如此。"老实人说。

没过几天，他们来到了黑海运河边。老实人先付了一大笔钱来替加刚菩赎身。接着，他一刻也不耽误，领他的同伴们跳上另一只帆桨船，到普罗蓬提德沿岸去寻找居内贡的下落，不管她变得有多丑。

船上有两个划桨手划得极差，那土耳其船主便时常拿一根牛皮鞭抽打他们赤裸的肩膀。老实人不自觉地对这两个挨打的划桨手格外关注，满心怜悯地走到他们近旁。他们的面目，虽然扭曲得不成样子了，却有几分像邦葛罗斯和那不幸的教士男爵——居内贡的哥哥。想到这里他更加感伤，也越发仔细地观察他们。

"老实说，"他对加刚菩说，"要不是我亲眼看见邦葛罗斯被绞死，要不是我不幸亲手杀死了男爵，我简直以为那两个船奴就是他们了。"

一听到男爵和邦葛罗斯的名字，那两个船奴突然大叫出声，僵住不动，手里的船桨也掉落在地上。那船主冲了过去，挥起皮鞭子狠狠地抽了他们好几大鞭。

"别打了！先生，别打了！"老实人叫着，"你要多少钱我都给你。"

"什么！是老实人！"一个说。

"什么！是老实人！"另一个说。

"我这是在做梦？"老实人说，"还是清醒着？我是坐着一只帆桨船吗？这难道就是我亲手杀掉的男爵？这难道就是我亲眼看见被绞死的邦葛罗斯？"

"正是我们！正是我们！"两人齐声回答。

"怎么！这就是那位大哲学家？"玛丁说。

"啊！船老板，"老实人说，"你开多少价？我要赎回这位森特-登-脱龙克先生，他可是德国最早的一位男爵；还有这位邦葛罗斯先生，他是德国最渊博的大哲学家。"

"狗基督教徒，"那土耳其船主回说，"既然这两个基督徒船奴是什么男爵，又是什么哲学家，我想他们在国内一定是有些身份的，那你得付我五万西昆币。"

"如数给你，先生。现在立刻送我回到君士坦丁堡去，我马上就付给你钱。可是且慢，还是先带我去找居内贡小姐吧。"

那土耳其船主一听说老实人回到君士坦丁堡立马付钱，早就扭转了舵，盯着那一班水手使劲地划，船飞快地向前驶去，只怕飞鸟都追不上它。

老实人同男爵和邦葛罗斯抱了又抱，足有上百次。

"可这究竟是怎么回事,我亲爱的男爵,你没有被我杀死?还有你,我亲爱的邦葛罗斯,你不是给绞死了吗?怎么又活了?你们俩怎么会跑到土耳其当了船奴?"

"那么我那亲妹妹当真也在土耳其吗?"男爵说。

"是的。"加刚菩说。

"这么说我又见着了我亲爱的老实人!"邦葛罗斯大叫着说。

老实人给他们介绍加刚菩和玛丁,他们相互拥抱,一起说着话。那船划得飞快,不多时就靠了岸。老实人找来了一个犹太人,五万西昆币卖给他一颗价值十万的钻石,那犹太人还借着亚伯拉罕之名起誓说再不能多给了。他立刻替男爵和邦葛罗斯赎了身。那大哲学家拜倒在他的恩人面前,流的眼泪把他的脚都给浸透了;男爵则点点头表示谢意,并许诺一有机会就把钱还上。

"可是我的妹妹真的也在土耳其?"他问道。

"千真万确,"加刚菩说,"因为她正在特兰西瓦尼亚山脉①的一个亲王家里洗碗呢。"

老实人又找来了两个犹太人,卖给他们几颗钻石,他们一起坐上了另一只帆桨船,打算去赎回居内贡。

----

① 特兰西瓦尼亚山脉(Transylvanie),罗马尼亚中南部山脉,又称南喀尔巴阡山。——译者

第 二 十 八 章

老实人、居内贡、邦葛罗斯和玛丁的经历

"我还得再次求您原谅，"老实人对男爵说，"请您饶恕，尊敬的神父大人，我当初不该用剑捅穿你的身体。"

"那事不用再提了，"男爵说，"我也是太莽撞了，我得承认。不过既然你想知道我怎么沦落到做了船奴，我就来告诉你：一位药剂师兄弟治好了我的伤，后来一队西班牙兵打了我，又把我掳了去，他们把我关进了布宜诺斯艾利斯的监牢，我的妹妹正巧刚从那里离开。我请求回到罗马我们的大神父那里去。他们派我到君士坦丁堡，在法国公使的身边担任布道神父。我才干了八天，有天晚上碰见了一位长相标致的年轻的宫廷侍从官。天气正热，那年轻人想要洗澡，我便借机与他同去。我哪里知道基督徒要是被人发现跟一个伊斯兰教徒赤身裸体呆在一起，他就犯下了天大的罪。一名法官判我脚板挨打一百棒，又罚我到划桨船上做奴隶。恐怕再没有比这更不公道的事了。可是我真想知道我的妹妹怎么会流落到土耳其，在一个避难亲王家的后厨里当女佣呢。"

"可是你，我亲爱的邦葛罗斯，"老实人说，"我怎么又会见着你呢？"

"的确是啊,"邦葛罗斯说,"你看到我被绞死了,我本该被烧死的,可是你或许记得,那天他们正准备烤我时,天忽然下起了大雨,狂风暴雨来势迅猛,他们怎么也点不着火,于是我被吊了起来,因为他们实在也没别的招儿了。一个外科医生买下了我的尸体,带回家中,动手解剖我。他先从我的肚脐直到锁骨划开一道大口。不会有人被吊得比我更糟糕的。那圣灵审判的刽子手是教会的副执事,最擅长烧死活人,干绞刑这活儿却不怎么在行。绳子是潮的,拉起来不顺,系得也不够紧,所以我还有口气儿。肚皮被划开时,我疼得大叫起来,吓得那医生跌翻在地上。他以为自己解剖的是一个什么魔鬼,吓得魂飞魄散,慌慌张张就跑,还在楼梯上跌着跟头栽了下去。他的妻子在隔壁听到动静跑出来看,见我直挺挺地躺在操作台上,肚皮上划开一道大口,比她那男人还吓得更加厉害,扭身逃跑,跌在了那医生的身上。待他们醒过来一些,我听到那女人对她的丈夫说,'亲爱的,你怎么敢去解剖一个异教徒?你难道不知道魔鬼常常就在这些人的身上躲着吗?我马上去找一个教士来驱魔。'听到这话我吓得直抖,用尽了我仅剩的一点儿力气大声叫喊:'饶了我吧!'后来,那葡萄牙外科医生壮起胆包扎了我的伤口,他的太太甚至帮忙照料我。十五天之后,我就站起来了。那医生还替我谋了个差事,给一个马耳他岛的骑士当跟班,他正要到威尼斯去。可是我的主人穷得付不出我的工钱,我就又去伺候一个威尼斯商人,跟着他到了君士坦丁堡。"

"有一天,我心血来潮走进了一座清真寺庙,看见一个老伊玛目,还有一个年轻貌美的女信徒正在祷告。她的胸脯敞开着,一对乳房之间放着一束花,有郁金香、玫瑰、银莲花、毛茛、风信子、报春花。她掉落了她的花束,我捡了起来,十二分虔诚地敬还给她。我递还的时间太久,那教长生气了,他见我是个基督教徒,便大喊着叫人。他们把我带到一个法官面前,我的脚底挨了一百下板子,他们又罚我到划桨船上做苦役。正巧我和男爵先生上了同一条船,又被锁在一条板凳上。这条船上还有四个马赛的年轻人,五个那不勒斯的教士,和两个科孚岛[①]来的僧人,他们说这一类的事情天天都有。男爵非说他的遭遇比我更不公平,可我觉得,捡起一捧花束放还到一个女人的胸脯上,比起同一个宫廷侍从官赤条条地待在一块儿,当然是要清白许多。我们争不出一个谁对谁错,每天都挨二十牛皮鞭的打,没想到世事轮转,把你带到了我们的船上,多亏你好心替我们赎了身。"

"好吧!我亲爱的邦葛罗斯,"老实人对他说,"你既然被绞死过、解剖过、鞭打过,现在又在划桨船上做苦工,你是否还坚持你的想法,认为什么事都是再好不过的。"

"我还是最初的想法,"邦葛罗斯回答,"因为我是个哲学家,不能随便推翻自己的话,莱布尼茨[②]是不会错的;再说,'先定的和谐'和'实体与微小的物质',都是至理名言。"

---

① 科孚岛(Corfou),即希腊克基拉岛(Corcyre)。——译者

② 莱布尼茨(Gottfried Wilhelm Leibnitz,1646—1716 年),德国哲学家、数学家,被誉为 17 世纪的亚里士多德。——译者

第 二 十 九 章

老实人找到了居内贡和那老妇人

他们一行人，老实人、男爵、邦葛罗斯、玛丁和加刚苦，一边互相说着各自的遭遇，讨论宇宙间偶然与非偶然的事件，辩论因与果的关系、道德的恶与肉体的恶、自由与必要，赞叹在土耳其的帆桨船上还能感受到的安慰，一边已经在普罗蓬提德沿岸登陆，来到了那避难亲王的家中。他们一来先见着的正是居内贡和那老妇人，正在晾晒洗过的毛巾。

看到这一幕，男爵立刻脸色苍白。那情深意切的老实人，一见他原本美丽的居内贡如今变得面容阴暗蜡黄，眼睛布满血丝，脖颈瘦削干瘪，脸颊上满是皱纹，手臂红肿干裂，吓得连退三步，惊恐不已。随后，为了顾全面子只得又走上前去。她来拥抱了老实人和她的哥哥，他们都拥抱了老妇人，老实人付钱为她们赎了身。

邻近有一处田庄，老妇人便建议老实人买了下来，大家暂且住着，等待命运有所转机。居内贡并不知晓自己已经变得奇丑无比，谁也不曾对她说过。她提醒老实人履行婚约的口气还十分霸横，弄得这位好好先生不敢说出一个不字。于是，他跑去告诉男爵，说自己想和他的妹妹结婚。

"我是不会忍受的，"男爵回答，"她如此地作践自己，你又如此厚颜无耻。我可不要被人指责容忍这般无耻的事情，我妹妹的孩子将不能进入德国的教堂。绝不可以，我的妹妹只能嫁给帝国的一位男爵。"

居内贡跪倒在他的面前，一边哗哗流泪，一边苦苦央求，可他丝毫不为所动。

"你这蠢东西，"老实人说，"我把你从船上救了出来，付钱替你赎身，又赎了你的妹妹；她现在沦落到了厨房里的下女，变得这么丑，我好意娶她，而你竟还出来反对！我要是赌这一口气，就再杀掉你。"

"你要杀我就请便，"男爵说，"可你不能娶我的妹妹，至少我还活着就坚决不行。"

第 三 十 章

结局

要说内心的想法,老实人一点儿也不想迎娶居内贡。可是男爵那不近情理的态度反倒让他下定了决心,非要结成这门亲事不可;居内贡也整天地催,他可不敢食言。他去找邦葛罗斯、玛丁以及那忠心的加刚菩出出主意。邦葛罗斯写下一篇洋洋洒洒的论文,证明男爵没有权利决定自己妹妹的婚事,依据所有的国法,她完全享有婚姻自由;玛丁主张把男爵扔进海里去;加刚菩则认为,应该把他交还给那划桨船的老板,让他再回船上去当奴隶,然后由着那船把他送回罗马大神父那里。大家都说这主意好,老妇人也赞成。他们没有对男爵的妹妹提起这件事,只花了几个小钱就把事情安排得妥妥当当。大家都觉得开心,一来让教士吃点儿苦,二来惩戒了一个德国男爵的傲慢。

老实人经过这许多的灾难,终于和居内贡结了婚,同他的朋友大哲学家邦葛罗斯、哲学家玛丁、谨慎的加刚菩,以及那老妇人生活在一起,再加上从古印加王国带回了那么多的钻石,我们自然会想象他过上了世界上最惬意的生活。可哪知他叫那些犹太人骗得太狠,什么别的也没剩下,就只有这小田庄了;他的妻子一天比一天丑，脾气也更加暴躁，让人无法忍受；那老妇人积劳成疾，脾气比居内贡还要糟糕；加刚菩在菜园里劳作，再带了蔬菜到君士坦丁堡去卖，也累坏了，整天诅咒他的命运；邦葛罗斯也是分外沮丧，因为他不能在一所德国的大学里出尽风头；至于玛丁，他认定在哪儿都是一样不好，就这么耐心地待着。老实人、玛丁和邦葛罗斯三人有时继续讨论他们的玄学与道德。他们常常望见河里的船只从田庄的窗户外驶过，满载着发配到利姆诺斯岛①、米蒂利尼②、厄尔泽鲁姆去的官老爷、总督和法官们，接着又有新的法官、总督和官老爷前来接替，不久后再轮到他们自己被发配出去。他们也常见到割下的脑袋用稻草裹着挂到宫殿大门口示众。这些场景随时给他们提供高谈阔论的话题；他们一不争辩，便感觉无聊极了。有一天，那老妇人对他们发出一个疑问：

　　　　我倒想请问你们，究竟哪种情形最坏，是叫黑鬼海盗强奸一百次，被割掉半拉屁股，在保加利亚兵营里吃棍棒，挨鞭打，在火刑裁判仪式上被绞死，给剖开肚子，在帆桨船上当苦差，经历我们所有人受过的苦呢，还是待在这儿，没的事儿做？

"这可是个大问题。"老实人说。

这一番话引得大家开始思考，玛丁还得出了一个结论：人生来就是要在担忧不安，或烦闷直至麻木当中讨生活的。老实人并不赞同，可他也没什么确定的说法。邦葛罗斯承认，他一辈子受尽了

---

① 利姆诺斯岛(Lemnos)，位于希腊。——译者
② 米蒂利尼(Mytilène)，位于希腊。——译者

苦恼,可因为他曾经主张"什么都是最合适的",他便要坚持这一主张,他自己可是早不信了。

最终,发生了一件事情,使得玛丁皈依了他厌世的原则,使得老实人产生了未曾有过的迟疑,更使得邦葛罗斯有些迷糊。这便是有一天,他们看到巴该德和奚罗弗莱上岸,来到了他们的小田庄,一副狼狈不堪的惨样儿。原来两人很快花光了那三千皮阿斯特,闹翻了,又和好,再合不来,蹲了监牢,又跑了出来,末了,奚罗弗莱修士当了土耳其人,巴该德则到处干着她的老营生,却再也挣不着什么钱了。

"我早料到,"玛丁对老实人说,"你给的钱帮不上他们的忙,只能让他们沦落得更惨。你和你的加刚菩,你们是曾经在几百万的钱堆里混过的,可是你们却比不上巴该德和奚罗弗莱幸福。"

"啊,啊!"邦葛罗斯对巴该德说,"老天居然把你也给送回来了,可怜的孩子! 你知道你害得我没了鼻尖,瞎了一只眼,又丢了一边耳朵吗? 你又是怎么变成了这副模样? 啊! 这世界究竟是怎么回事!"

新发生的这件事让他们探讨了许久。

在他们邻近,住着一位有名的苦行僧,被公认是土耳其最厉害的大哲学家,他们就去请教他。邦葛罗斯先开口。

"师父,"他说,"我们前来请您赐教,为什么上天会造出人这么奇怪的生物来?"

"与你何干?"那老僧人说,"你又管得了吗?"

"可是,神圣的师父,"老实人说,"这世上有可怕的恶呀。"

"有恶或是有善,"那僧人说,"又有什么关系? 比如陛下派一只船到埃及去,用得着管船上的耗子舒不舒服?"

"那该怎样做呢?"邦葛罗斯说。

"闭上嘴巴。"僧人说。

"我本来希望,"邦葛罗斯说,"和你讨论点儿因果关系,谈谈可能的世界之中最好的一个,恶的起源,灵魂的性质,以及先定的和谐。"

听了这些话,那僧人当着他们的面关上了门。

正当他们谈着话的时候,外边传着一个消息:有两名议会大臣和一个穆夫提①在君士坦丁堡被勒死了,他们的好几位朋友也给刺死了。这桩惨剧到处引起骚动,持续了好几个时辰。邦葛罗斯、老实人和玛丁在回他们小田庄的时候,遇到了一个好心的老头儿,正在自家屋前的一座柑橘树长廊底下呼吸新鲜空气。邦葛罗斯是那么好管闲事又爱辩论是非,便过去问那老头:刚刚被绞死的穆夫提叫什么名字。

"我可不知道,"那位先生说,"我从不知道任何一个穆夫提或是大臣的名字。你问的事儿我根本不清楚。我敢说参与公共事务的人有时是死得可怜,那也是他们自找活该;我可从不打听君士坦丁堡有什么事情,我就只高兴把我自己园子里的果子送去卖掉。"

说完这些,他请客人们进屋里去。他的两个女儿和两个儿子端上来各种果子露,都是自己酿制的,还有枸橼蜜饯皮腌泡的果汁,橘子、柠檬、菠萝、阿月浑子仁、木哈咖啡,绝不混杂巴塔维亚或美洲岛产的次种。吃过之后,那老先生的两个女儿过来替他们的

---

① Muphti〈阿〉,伊斯兰教教法说明官。——译者

胡子洒香水。

"你一定拥有一大块田，又宽又美吧?"老实人对那土耳其人说。

"我只有 20 亩地，"老头说，"我同我的孩子们一起种地，劳作让我们远离了三件坏事——烦恼、罪恶和贫穷。"

返回田庄的路上，老实人细细琢磨土耳其老人的这一番话。

"这位忠厚的土耳其老人，"他对邦葛罗斯和玛丁说，"他的境遇看来比我们有幸一同吃饭的六位国王要强得多。"

"富贵，"邦葛罗斯说，"是很危险的，所有的哲学家都这么说。简单来讲，摩押的国王埃格伦，是叫奥德杀死的，阿布萨隆是叫他儿子给绞死的，身上还中了三支箭；纳达王，耶罗波安的儿子，是巴沙杀死的；埃拉王是赞布里杀的；奥绍夏斯是杰休杀的；亚他利雅是被若亚达杀的；约阿希姆、约霍尼亚和西底西亚王都被俘虏做了奴隶。你知道克里萨斯、阿斯蒂阿格、大流士、锡拉库萨的德尼斯、皮洛斯、佩尔塞、汉尼拔、朱古达[1]、阿里奥维斯特、恺撒、庞培、尼禄、奥顿、维特利乌斯、图密善[2]、英国的理查德二世、爱德华二世、亨利六世、理查德三世、玛丽·斯图尔特、查理一世、法国的三个亨利王，还有亨利四世大帝！你知道……"

"我也知道，"老实人说，"我们应当耕种自己的园地。"

"你说得对，"邦葛罗斯说，"因为当初上帝把人放在伊甸园里，就是要他劳作的，可见上帝造人并不是叫他休息的。"

"我们去干活儿吧，"玛丁说，"不要再胡辩瞎扯了；这是唯一的

---

[1] 朱古达(Jugurtha，约前 160—前 104 年)，努米底亚国王。——译者

[2] 疑为图密善(Domitian，51—96 年)，罗马皇帝。——译者

办法，能让日子还过得去。"

这一干人等就回去实施大可赞叹的计划，每个人都发挥自己的才干。他们那一小块地果然结出了丰硕的果实。居内贡，还是丑陋不堪，但她做得一手好点心；巴该德会绣花；那老妇人管理衣服。每个人都做点儿事儿，奚罗弗莱也包含在内；他成了一个好木匠，人也变得老实了。

邦葛罗斯有时对老实人说："在可能的最好的世界中，所有的事情都相互关联；你想想看，要是你没有因为爱着居内贡而从那爵府里给踢了出来，要是你没有被当作异端来审判，要是你没有走到南美洲去，要是你没有刺了男爵一剑，要是你没有丢掉你从黄金国得来的一百只红羊，你就不会住在这儿吃枸橼蜜饯跟阿月浑子仁了。"

"你说得对，"老实人回说，"我们还是耕种自己的园地吧。"

天　真　汉

〔法〕伏尔泰　著

闫素伟　译

出版者前言

　　《天真汉的真实故事》(根据 P. 盖奈尔的手稿编辑出版)
(*L'INGENU, histoire véritable, tirée des manuscrits du P. Quesnel*),1767 年版本,分为两个部分,八开本;有的版本标题是《休伦人,或者天真汉》(*Le Huron, ou l'Ingénu*)。

　　作品于 1767 年 9 月公开售卖,但是在卖了 8—10 天之后,就被扣押;于是,书的价格从开始时的 3 利弗暴涨到 24 利弗[①]。

　　三年之后,也就是 1770 年,日内瓦和巴黎的戴旺特(Desventes)出版社出版了十二开本的《天真汉》(*L'Ingénu, ou l'Encensoir des dames, par la nièce à mon oncle*)。

　　文中只用字母标明顺序,而没有签名的注释,出自伏尔泰[②]。

　　签名为 K 的注释是科尔出版社(Kehl)的出版者加的[③],出自龚多塞和德库瓦(Kehl, MM. Condorcet et Decroix),但我们无法严格地分清究竟是两位中哪一位的手笔。

---

①　1767 年 9 月 13 日的《秘密回忆录》(*Mémoires secrets*)。
②　中文版标以"——伏尔泰"。——译者
③　中文版标以"——K"。——译者

　　我在伏尔泰或者出版者的注释中增加的内容与原注用逗号分开，并和我加的注一样，末尾用我的姓名首字母 B 注明①。

博肖（Beuchot）

1829 年 10 月 4 日

---

①　中文版以"——B"。——译者

第 一 章

小山修道院的院长兄妹如何遇到一个休伦人

从前,原籍爱尔兰、以圣徒为业的圣邓斯顿(Saint Dunstan),搭了一座向法国海岸漂去的小山,从爱尔兰出发,来到圣马洛(Saint-Malo)湾。上岸之后,他祝福了载他的小山,小山也向他深深地鞠了个躬致意,便沿着来路,又回爱尔兰去了。

圣邓斯顿在当地街区建了一座小小的修道院,给修道院取了个名字,叫小山修道院,这名字至今没有变,这是众所周知的。

1689 年 7 月 15 日傍晚,小山圣母修道院的德·甘嘉篷(Kerkabon)院长与他的妹子德·甘嘉篷小姐,在海边散步乘凉。修道院的院长已经有些年纪,是个心地十分善良的教士,邻居们都很喜欢他,从前还颇得女性邻居的爱戴。人们敬重他,因为他是当地唯一享有俸禄的教士,在与同事们共进晚餐之后,用不着别人将他抬上床,安置他睡觉。他的神学还算懂得不少,看圣奥古斯丁的书看得烦了,便翻翻拉伯雷的小说消遣[①];所以,大家都说这个院

---

① 拉伯雷(Rabelais,1483—1553 年),是文艺复兴时期的法国教士,但又是个反教权的人物,自由思想家。他的五卷本小说《巨人传》出版于 1532—1564 年,是讽刺小说,批判了教会的虚伪和残酷。这里说修道院的院长看拉伯雷的小说解闷,有讽刺的意味。——译者

长不错。

德·甘嘉篷小姐一直没有结婚,虽然她很想结;到了45岁的年纪上,保养得还算鲜亮;她心眼好,性情敏感;喜欢开心的事,而且很虔诚。

院长看着大海,对妹子说:"唉,我们可怜的哥哥和他夫人,我们亲爱的嫂子德·甘嘉篷夫人,1669年就是在这里登上'燕子'号军舰,到加拿大服役去了。如果他没有命丧沙场,也许我们还能见到他。"

德·甘嘉篷小姐说,"你真相信,嫂子是人们传说的那样,被易洛魁人(Iroquois)①吃了? 可以肯定,要是没有被人吃掉,她早就回来了。我心里会为她难受一辈子;她是个讨人喜欢的女人;哥哥绝顶聪明,要是不死,一定发了大财。"

兄妹二人正在动情处,却见兰斯港湾(baie de Rance)一艘小船随着潮水而来;那是英国人又来贩卖他们那里的食物了。他们跳下船,不看院长先生,也不理睬院长妹妹;这些人竟然如此藐视她,让她心里十分不快。

有个长相帅气的年轻人与众不同,他跑上前来,与小姐面对面;他向她点头示意,因为不兴鞠躬。他的表情和装束吸引了院长兄妹的目光。他光着头,穿短裤露着两条腿,脚上穿一双小小的凉鞋;长发编成小辫子,一件紧身短上衣更衬出细硕的身材;看样子颇有男子汉的气概,表情却十分和气;只见他一手拿一瓶巴巴多斯酒,另一只手拿一个小袋子,里面装了一只酒杯和一些美味的硬饼

---

①　易洛魁人是北美印第安人。——译者

干。他的法语讲得很像样。他把巴巴多斯酒介绍给德·甘嘉篷小姐和院长，和他们一起喝了一些；还要让他们再喝，态度朴实自然，让院长兄妹二人十分高兴。他们表示愿意给他帮忙，问他是什么人，要到哪里去。年轻人回答说，他也不知道要去哪里，他只是好奇，想看看法国的海岸什么样，所以才来了，而且这就原路回去。

院长听他的口音，觉得他不是英国人，便冒昧地问他是哪里人。"我是休伦人，"年轻人回答说。

见一个休伦人对自己如此有礼貌，德·甘嘉篷小姐又惊奇又着迷，便要请年轻人一起吃晚饭，他很爽快地答应了，于是三人一起向小山圣母修道院走去。圆滚滚的矮个子小姐睁大小眼睛，目不转睛地看着他，再三对院长说："这个大小伙子，肤色像百合，又像玫瑰！一个休伦人，肤色可真好！""你说得对，妹子，"院长说。她接连不断地提出无数个问题，客人每次都回答得很有分寸。

消息很快流传开来，说修道院来了个休伦人。当地上流社会的各位争先恐后地来吃晚饭。圣伊佛神父（abbé de Saint-Yves）也来了，同来的还有他妹妹，一个下布列塔尼姑娘，人很漂亮，也有教养。司法执行官、人头税征集官以及他们的妻子，晚饭时也都在座。饭桌上，客人被安置在德·甘嘉篷小姐和圣伊佛小姐之间。大家都用佩服的眼光看着他，争着与他搭话，向他提问；休伦人并不慌张。他似乎将博林布鲁克爵士的格言奉为圭臬，"见怪不怪"（*Nihil admirari*）[①]。不过最后，他还是被吵得忍不下去了，口气

[①]　博林布鲁克（milord Bolingbroke，1678—1751年）是英国政治家、政治作家。他的政治生涯跨越斯图亚特王朝（托利党当权）至汉诺威王朝首位国王乔治一世（辉格党当权）的转变时期。——译者

虽然温和,但也很坚定地对他们说:"先生们,在我们那里,人们是一个一个地说话;你们这样一齐开口,我连听也听不清你们说什么,让我怎么回答呢?"理性的声音总是让人扪心自问,大家顿时安静下来。司法执行官不管到了谁家,总是逮住外人就问个没完,是全省最善于提问题的人,只见他嘴张得有半尺大,最后说出话来却是:"先生,你叫什么名字?"休伦人回答说:"人们一向叫我天真汉。在英国,人们仍然这样称呼我。我是个心直口快的人,有什么想法,总是直接付诸行动。"

"作为休伦人,先生,你是怎么到英国的呢?""是他们带我去英国的。在一次战斗中,我被英国人俘虏,尽管我拼命挣扎。英国人喜欢勇敢的人,因为他们本身就十分勇敢,而且他们与我们一样诚实,便跟我说,我可以回家,也可以跟他们去英国。我同意跟他们去英国,因为我生性喜欢周游各地。"

司法执行官用严厉的口吻说:"但是,先生,你怎么能如此狠心抛下父母?"休伦人说:"因为我从来没有见过父母。"听了这话,在场人们无不心动,人人都说:"原来是个没有父母的孩子!"女主人对院长哥哥说:"我们来当他的父母吧!你看这个休伦先生多有意思啊!"天真汉向她表示感谢,真诚中也透出高贵和自尊,他对她说,不需要这样。

严厉的司法执行官说:"我注意到,天真汉先生,你的法语说得很好,不像是休伦人讲的法语。"他说:"我年轻时候在休伦,人们抓到一个法国人,我和他建立了很深的友情,他教我学会了法语。一般只要是我愿意学的东西,我都学得很快。来到普利茅斯(Plymouth)之后,我遇到一个法国难民,是你们说的胡格诺派(hugue-not)①的教徒,也不知道为什么,他让我的法语进步不小;等我用法语能够流利表达了,便来你们国家看看,因为,我很喜欢法国人,只要他们不提太多的问题。"

虽然这话略带警告的意思,圣伊佛神父还是问道,休伦语、英语及法语这三种语言当中,他最喜欢哪一种。天真汉回答说:"那还用说,当然是休伦语。"德·甘嘉篷小姐嚷道:"这怎么可能! 我一向以为,在所有的语言当中,法语是最美的语言,当然下布列塔尼话不在此列。"

于是人们争先恐后地问天真汉,"烟草"用休伦语怎么说,他回答说:"塔亚";"吃饭"用休伦语怎么说,他回答道:"艾森坦";德·甘嘉篷小姐一定要知道"做爱"用休伦语怎么说,他回道:"特洛旺戴"或者"特洛旺达"。于是突然之间,表面看似乎并非没有道理,但大家都觉得这些词与相应的法语词和英语词一样,在座的所有客人无不觉得"特洛旺戴"美妙无比。②

院长先生的书房里有一本《休伦语法》,是改革派教士,著名的传教士萨加·戴奥达神父(P. Sagar Théodat)送给他的礼物。院长从餐桌旁站起来,离开了一会儿,去查这本语法书。回来的时候激动和高兴得几乎呼吸急促起来;他承认年轻人是真正的休伦人。大家就语言的多样性争论了一会儿,最后归结说,如果不是出了巴

---

① 胡格诺派,是基督教新教加尔文教派在法国的称谓,也是法国 16 世纪末至 17 世纪中期推行初等教育的重要力量之一。17 世纪以来,胡格诺派普遍被认定为"法国新教"。该派反对国王专政,曾于 1562—1598 年间与法国天主教派发生胡格诺战争,后因南特敕令而得到合法地位。后又遭迫害,1802 年才得到国家正式承认。——译者

② 这些词的确都是休伦语。——伏尔泰

别塔的奇事，全世界人一定都讲法语。

　　总是爱审问别人的司法执行官，原来还有些信不过这人，现在对他十分尊敬起来，说话的口吻也比先前客气，但是天真汉似乎并没有觉察。

　　圣伊佛小姐很想知道休伦人怎么做爱。他回答说："为了讨好像你这样的人，人们会做出很多高尚的行为。"在座的所有客人都惊奇地鼓掌。圣伊佛小姐脸红了，而且觉得十分得意。德·甘嘉篷小姐的脸也红了，但是她并没有感到得意；她觉得，奉承话不是对她说的，心里有点嫉妒。但她是个心眼很好的人，所以对休伦人的爱意并没有因此而受到影响。她态度诚恳地问他，在休伦有多少情人。"总共也就有过一个，"天真汉回答说，"她叫阿巴加巴小姐（Abacaba），是我亲爱的奶妈的闺蜜；啊，我的阿巴加巴呀，她的身材比灯芯草挺拔，她的肤色比白鼬白皙，绵羊比不上她温柔，雄鹰不如她自豪，小鹿也没有她的体态之轻盈。有一天，她在我们住的地方附近追一只野兔子，离我们的住处有两百里；有个住在四百里之外，没有教养的阿耳冈昆人（Algonquin），过来抢了她的兔子；我知道后，急忙跑去，一棒子便将那人打倒在地。我把他的手脚捆起来，带到情人面前。阿巴加巴的父母想把他吃掉，但是，我从来不喜欢吃人。我把那人放了，他成了我的好朋友。阿巴加巴对我的行为十分感动，喜欢我超过了她所有的情人。要不是被一只熊吃了，她仍然会爱着我。我惩罚了那只熊，穿熊皮做的衣服，过了很长时间，我的心仍然没有得到慰藉。"

　　圣伊佛小姐听了这个故事，内心隐隐感到高兴，因为她知道天真汉只有过一个情人，而且阿巴加巴又死了；但是她搞不清楚自己为什么高兴。大家都瞪眼看着天真汉；都为他阻止同伴们吃阿耳冈昆人赞不绝口。

铁石心肠的司法执行官克制着提问题的强烈愿望，最后还是忍不住好奇，问休伦先生信什么宗教，是英国国教，迦里甘教，还是胡格诺教？"我信我的宗教，"他说，"正如你们信你们的宗教一样。""唉!"德·甘嘉篷小姐叹道，"我明白了，那些倒霉的英国人根本就没有想到为他施洗。""哎呀，上帝啊，"圣伊佛小姐说，"休伦人怎么能不信天主教呢？可敬的耶稣会神父们没有让他们皈依吗？"天真汉向她保证说，在他们那里，谁也不会让你皈依谁，一个真正的休伦人是永远不会改变观点的，在他们的语言中，根本就没有"反复无常"这种意思的词语。这最后几句话，圣伊佛小姐听了感到格外高兴。

"我们来给他施洗，我们来给他施洗，"德·甘嘉篷小姐对修道院的院长说，"亲爱的哥哥，这是你的光荣啊。我一定要当他的教母；由圣伊佛神父带他到领洗池前；仪式会格外出彩；整个下布列塔尼地区都会轰动，而且，我们会因之无比荣耀。"所有在场的人都支持女主人。客人们都喊道："我们给他施洗!"天真汉回答说，在英国，人们愿意怎么生活就怎么生活，没有人会干涉别人。他表示，大家提到的这件事，他一点也不喜欢，而且休伦的法律至少也和下布列塔尼的法律具有同等作用。最后，他说他明天就走了。人们最终喝光了他的巴巴多斯酒，便各自回去睡觉了。

把天真汉领到为他准备的房间后，德·甘嘉篷小姐和闺蜜圣伊佛小姐忍不住从一个很大的锁孔往屋里看，想知道休伦人怎么睡觉。只见他把被子在地板上铺开，躺下便睡了，那姿态真是世界上最美的。

第　二　章

名叫天真汉的休伦人认了亲戚

休伦人按照习惯，睡到天亮，听到鸡叫便醒来。在英国和休伦，鸡叫被称为"日出的号角"。他不像上流社会的人们，躺在床上懒洋洋赖到太阳把一天的行程走到一半，既不睡又不起，不死不活地浪费了很多宝贵时光，却又抱怨生命太短暂。

他已经走出去十多里地，只用弹子便打下来三十多只野味；回来时，他看到小山圣母修道院的院长及其矜持的妹子，正穿着睡衣在小花园里散步。他把打来的猎物悉数拿给他们看，又从衬衣里拉出一个小小的护身符，那是他永远戴在脖子上，从不离身的。他请他们接受这件东西，以对他们的热情接待表示感谢。"这是我最珍贵的东西，"他对他们说，"人们向我保证说，只要我随身戴着这个小东西，就会永远幸福；我把它送给你们，好让你们永远幸福。"

院长和小姐见天真汉如此真诚，感动地笑了笑。那礼物实际上是两张画得很粗糙的人像，用一条油腻腻的带子拴在一块儿。

德·甘嘉篷小姐问他，休伦有没有画家。"没有，"天真汉回答说："这个稀罕物是我奶妈送给我的，本来是她丈夫的战利品，是从加拿大来和我们打仗的几个法国人身上的遗物；对这东西的来历，我只知道这些。"

院长仔细看那两张画像；只见他脸色骤变，情绪激动，两手颤抖。"小山圣母在上，"他叫道，"这不正是我那个当上尉的哥哥和他妻子的肖像吗？"他妹子同样激动地仔细看了一会儿，也说是。两人都感到非常惊奇，同时又悲喜交加，感情受到触动，难免哭了起来；他们心情激动，大呼小叫，将两张画像抢过来，夺过去，在一秒钟的时间里便争抢了无数次；他们睁大眼睛看看肖像，又看看休伦人，争着问他，这两张肖像画是什么时候，在什么地方，以何种方式落入他奶妈手中的；他们比对各种消息，从上尉离开时开始计算时间；他们回想起收到他的消息，说他一直到了休伦，从那以后，消息便断了。

天真汉先前对他们说过，他从来没有见过父母。院长是个有心眼的人，注意到天真汉脸上有点胡子；他知道休伦人是不长胡子的。天真汉的下巴上布满一层细细的绒毛，由此看来，他父亲一定是欧洲人。"我哥哥和嫂子于1669年出征休伦后便再没有音讯。我侄儿当时一定是吃奶的孩子，一定是休伦的奶母救了他，将他奶大。"最后，在问了无数个问题，也得到了无数个回答之后，院长兄妹归结说，这个休伦人就是他们的侄儿。他们泪眼婆娑地拥抱他；天真汉却笑了，想不到休伦人竟然是下布列塔尼修道院院长的侄儿。

客人们都来到楼下；圣伊佛先生会看相，他仔细比较了两张肖像画与天真汉的面部，非常巧妙地说，他的眼睛像母亲，额头和鼻子像已故的德·甘嘉篷上尉先生，脸蛋既像父亲，又像母亲。

圣伊佛小姐从来没有见过天真汉的父母，也说他与父母极其相像。他们都赞叹上天公道，天下事桩桩件件莫不相互关联。总而言之，对天真汉的出身，大家深信不疑，认定他千真万确是德·甘嘉篷家的骨血，连他自己也觉得就应该是院长先生的侄儿，说他更喜欢让院长当他叔叔，要是换另一个人，他就未必高兴了。

人们要去小山圣母教堂，向上帝谢恩，而休伦人则一副事不关己的样子，挺开心地在家里喝酒。

带他来的英国人准备扬帆启航，来对他说该走了。他对他们说："看来你们是没有找到自己的叔叔和姑母。我要留在这里，你们回普利茅斯吧。我的行李就送给你们吧，世界上任何东西我都不需要了，因为我是修道院院长的侄儿了。"英国人开船走了，他们根本不关心天真汉在下布列塔尼是否有亲戚。

等叔叔和姑母一伙人在教堂唱完"感恩赞"，等司法执行官又追着天真汉问了不少问题，等一伙人再也没有什么可以感到惊奇、高兴、激动的事之后，小山修道院的院长和圣伊佛神父便归结说，要尽快给天真汉施洗。只是，他是个22岁的休伦大小伙子，不是孩子，这种如重生一样的大事，不可能一点也不让他知道。一定要把这事给他解说明白；可这似乎不是件容易事。因为圣伊佛神父认为，他不是在法国出生的，不会有这种常识。

院长向大伙指出说，他侄儿天真汉先生的确未能荣幸地出生在下布列塔尼，但他仍不失为一个精明之人，这从他回答大家问话时的情形就可以看出来，而且，这种天性肯定得之于父母的遗传。

人们先问他是否读过什么书。他说读过翻译成英语的拉伯雷的小说，也读过一些莎士比亚的作品，能够熟记于心，这些书都是在带他从美洲到普利茅斯来的船长那里看到的，这使他感到很高兴。司法执行官少不了又针对这些书向他提了很多问题。天真汉说："我承认只隐约明白书中的一些意思,不是全都清楚。"

听到他的这些话,圣伊佛神父说,他自己也是这样,人们大都一知半解。他又问休伦人:"你一定读过《圣经》吧?""没有读过,神父先生,船长的书里没有《圣经》,我从来没有听说过这本书。"德·甘嘉篷小姐叫道:"可恶的英国人就是这样,他们觉得,莎士比亚的戏、葡萄干布丁、甘蔗酒比摩西五经还重要。所以他们在美洲才没有让任何人信奉上帝。他们一定是受到上帝诅咒的。过不了多久,我们一定把牙买加和弗吉尼亚从他们手中抢过来。"[①]

不管怎么样,他们叫来了圣马洛手艺最好的裁缝,从头到脚给天真汉装扮起来。客人们分开了;司法执行官到别的地方去提问题。圣伊佛小姐走的时候,一步三回头地看天真汉,天真汉则深深地向她鞠躬[②],有生以来,他还从未向任何人行过如此大礼。

司法执行官在告别之前,把刚刚中学毕业的大傻儿子介绍给圣伊佛小姐;她却连看也顾不上看,一门心思都在休伦人对她的礼敬有加上。

---

①　牙买加和弗吉尼亚在当时都是英属殖民地。——译者

②　1767年的多个版本此处都是"faites"。——B(表示"鞠躬"的动词复合过去时分词,与前面的"révérences"做阴性和多数的配合。而B所采用的版本未做这一配合。这种语法上的修辞要求,大概是后来才出现的。——译者)

第　三　章

名叫天真汉的休伦人皈依正教

院长先生知道自己年纪大了,上天又送来个侄儿慰藉他,心中便想,如果为他施洗,让他进了教会,便将教职传给他。

天真汉的记忆力非常好。下布列塔尼人天生体魄强健,再加上加拿大气候的磨炼,他的头脑变得如铁石一般,你就是拿棍子敲打,他也不会觉得太疼;你给他灌输什么,那就像刻在了金石之上,他一辈子也不会忘记分毫。他的观念同样十分鲜活而清晰,因为童年时不像我们一样,脑子里被灌输了很多无用而愚蠢的东西;所以外面的事物进到他脑子里,不会像遮了一层云雾一样,显得模糊缥缈。院长最后决心让他读《新约》。天真汉如狼吞虎咽一般读了,感到非常高兴,但他并不知道这本书里讲的惊险故事发生在什么时候,出现在哪个地方;他毫不怀疑那些故事都发生在下布列塔尼;而且他发誓说,如果他遇到该亚法(Caïphe)①和彼拉多(Pilate)②,一定会割掉这些坏蛋的鼻子和耳朵。

叔叔看他有这份心愿,感到非常高兴,没用多长时间,便给他

① 历史上一个犹太大祭司。——译者
② 钉死耶稣的古罗马犹太总督。——译者

解说明白；他称赞天真汉的热情，但告诉他说，这种热情是没用的，因为这些人已经死了 1690 年。没用多久，天真汉几乎可以把整本书从头至尾背出来。有时候，他提出几个问题，让院长感到很是难堪。院长不得不常常去请教圣伊佛神父，有时候神父也不知道该如何回答，便请来一个下布列塔尼耶稣会的会士，好让休伦人最终皈依正教。

最后，上帝的恩宠终于降临，天真汉答应成为基督徒；他深信，一开始，他一定要行割礼；"因为，"他说，"在人们让我读过的那本书里，没有哪个人物是不曾行过割礼的。所以我也得牺牲包皮。既然如此，那就越早越好。"他不是个瞻前顾后的人，马上把村里的外科医生找来，让医生给他做手术，实指望他这样做会让德·甘嘉篷小姐和其他人欢天喜地。理发匠①从没有做过这种手术，赶紧把这事通知了家人，家里人便大呼小叫起来。善良的甘嘉篷小姐见侄儿下定决心，只想赶快完事的样子，害怕他会笨手笨脚地在自己身上动刀子，弄不好会出事，因为太太们总是出于善心，十分关注这种地方的好歹。

院长纠正了休伦人的想法，斥责他说，割礼已经不时兴了，洗礼才更加温和，更有益健康；《新约》的教规不像《旧约》的律法。天真汉是个通情达理的人，性情耿直，争辩几句，也就认错了；欧洲人在争辩的时候可很少有自己认错的。最后，他答应受洗，而且什么时候都行。

在施洗之前，他还要忏悔，这才是最难办的事。天真汉总是把

———————————

① 古时候外科医生是理发匠兼任的，因为所谓的外科医生，也就是替病人放放血之类。——译者

叔叔给他的那本书装在口袋里。他在书中没有看到任何一个使徒忏悔，所以说什么也不肯接受。院长叫他看《雅各书》里那句让异教徒感到异常难受的话，"你们要互相忏悔自己的罪"；他看了哑口无声。休伦人不反对了，而且也在一个改革派教士那里忏悔。

等他忏悔结束，便在忏悔室里抓住教士，用有力的臂膀将那人抱起来，他坐在人家的座位上，让教士跪在他面前："来吧，朋友，书上说：你们要互相忏悔自己的罪；我对你讲了我的罪，你要是不把你的罪讲给我听，休想从这里出去。"说着，他用宽大的膝盖顶住对方的胸口。教士吼叫起来，声音响彻整个教堂。听到叫声，有人跑过来，只见新入教的教徒正在以圣雅各的名义，对教士饱以老拳。一个下布列塔尼的和英国的休伦人受洗，这怎么说也是件令人愉快的大事，出些不寻常的状况，也不算什么。很多神学家甚至认为，忏悔不是非有不可的仪式，因为洗礼可以代替一切。

他们和圣马洛的主教约好日子。可以想见，圣马洛的主教很荣幸能为一个休伦人施洗，便带着豪华仪仗，身后跟着全班人马来了。圣伊佛小姐一边祝福上帝，一边穿上她最漂亮的裙子，并从圣马洛叫来一个女理发师，想在仪式上大出风头。善于提问题的司法执行官和当地名流都赶了过来。教堂装饰得富丽堂皇；但是，当需要把休伦人带到领洗池前时，却怎么也找不到他了。

叔叔和姑母到处找。人们以为他又像平时一样，出去打猎了。身穿节日盛装的客人们跑遍树林和附近的村庄，却怎么也没有他的消息。

有人开始担心他回英国了。有人记得听他说很喜欢英国。院长兄妹心想，洗礼一定完蛋了，并开始为侄儿的灵魂担忧。主教感到很狼狈,正打算回去。院长和神父绝望得不得了;司法执行官以惯常的庄严口吻问遍了所有行人;德·甘嘉篷小姐哭了;圣伊佛小姐没有哭,却长吁短叹,似乎在表达她对圣事的万分喜爱。两位小姐心绪愁苦,在兰斯小河边沿着柳树和芦苇漫步,突然看到河里有个皮肤白皙的高大身影,两手交叉抱在胸前。她们扯着嗓子喊叫一声,便急忙转过身去。但是不久,好奇心胜过了所有其他的考虑,她们慢慢向芦苇丛中走去;当她们肯定不会被别人发现时,便想看看究竟是怎么回事。

第 四 章

天真汉领洗

　　院长和神父赶来,问天真汉在那里干什么。"天呐,先生们,我在等着施洗呀。我在这里被水淹到脖子,等了一个小时了;你们就这样让我冻僵在这里,也太缺乏诚意了吧。"

　　院长亲切地对他说:"亲爱的侄儿,在下布列塔尼,施洗可不是这样的;你赶快把衣服穿上,跟我们来。"圣伊佛小姐听到这番对话,悄悄对闺蜜说:"小姐呀,你想他会很快把衣服穿上吗?"

　　只听见休伦人反驳院长说:"这次,你再不能像上次一样哄我了;我后来用心研究过,我敢肯定,施洗礼,就是这样。王后(reine Candace)①的太监就是在一条小河里领洗的。我敢肯定,在你给我的书中,绝不会有其他的领洗方式。你们要在河里给我施洗,要不然我就不领洗了。"人们百般解释说,习惯做法变了,可是说也没用,天真汉固执得很,因为,他是布列塔尼人,又是休伦人。他总是

---

　　① 最初的几个版本中是"la reine de Candace"(干大基王后)。伏尔泰纠正了这一错误,在"勘误"中加了一条注,是这么说的:"凯内尔(P. Quesnel)怎么能不知道,在埃塞俄比亚语中,美丽王后就叫'干大基'(Candace),正如埃及语中'法老'(Pharaon ou Pharou)就是国王的意思?"——B(所以我们这里没有译"干大基",只把这个词作为王后的同位语处理。——译者)

说，在《使徒行传》中，王后的太监就是在河里领洗的。虽然躲在柳树林中偷看的姑母小姐和圣伊佛小姐本可以对他说，他不该拿自己和太监比，但她们没有露面，因为她们是讲究体统的女人。主教亲自来与他对话，这是很给面子了。但是主教屈尊也不管用，休伦人一样敢与主教大人争辩。

他对主教说："你告诉我，在叔叔给我的书中，只要有一个人不是在河里领洗的，那你说什么，我都听。"

姑母绝望之下，想起侄儿第一次行礼时，只给圣伊佛小姐深深鞠了一个躬，对其他客人就没有如此；他对美丽的小姐表现得恭敬而亲切；这种情分，他向主教大人打招呼时都没有。在大家都不知道该如何办的时候，她决心求求圣伊佛小姐，请她出面说说情，让休伦人答应以布列塔尼人的方式受洗；如果他坚持要在河水里受洗，姑母觉得他大概永远也成不了基督徒了。

圣伊佛小姐内心高兴得不得了，觉得别人把一件这么重要的事委托给她，激动得脸都红了。她谦虚地走近天真汉，郑重其事地拉起他的手，对他说："你就不为我做点什么吗？"说着，便低下头来，又多情地抬眼看他。"啊，小姐，你让我干什么，我无不从命。你只管说，是水洗，火洗①，还是血洗，我都听你的。"院长的满腔热忱，司法执行官的反复问询，主教大人的谆谆教导都没有解决的问题，圣伊佛小姐两句话就解决了，这让她觉得自己的面子非常大。她感到很得意，但是她并不知道这件事会闹到多大。

不管是对施洗者还是受洗者来说，仪式进行得很庄重，很豪

---

① 参见第二十七卷，第 289 页。——B

华,这让大家都很高兴。根据叔叔和姑母的分派,圣伊佛神父和他
妹子陪着天真汉站在受洗池旁。圣伊佛小姐见自己成了教母,高
兴得神采飞扬。她还不知道这个显耀的头衔将如何束缚她。她接
受了荣誉,却不知道这荣誉的后果是致命的。

　　洗礼仪式之后,一定有盛大晚宴。所以在仪式结束后,人们便
入座就餐。爱说笑话的下布列塔尼人都说,葡萄酒是不能受洗的。
院长先生补充道,据所罗门①说,葡萄酒可以让男人的心感到愉
悦。主教先生补充道,《圣经》里的族长犹大②一定是把小驴驹子
拴在葡萄藤上,而且也把大衣在葡萄汁中浸蘸过,在下布列塔尼,
人们不能这样做,这是很令人遗憾的事,上帝不肯让这里生长葡
萄。对天真汉的洗礼,大家都想说句吉利话,和教母调调情。司法
执行官还是动不动就向人提问题的架势,问休伦人是否忠实于诺
言。休伦人回答说:"我怎么会食言,我的诺言是在圣伊佛小姐拉
着我的手时许下的啊!"

　　休伦人激动起来;他为教母的健康干了一杯又一杯。他说:
"如果是你的手为我施洗,那我会觉得,从头上浇下来的冷水一定
是烫的。"司法执行官觉得这话太有诗意了,可他不知道,这种比喻
在加拿大是司空见惯的。不过教母感到非常满意。

　　人们给受洗者取了个圣名,叫赫拉克勒斯(Hercule)③。圣马
洛的主教老是在问,这位主保圣人是谁,他怎么没有听说过。耶稣

---

　　①　所罗门是古以色列国第三任君主。——译者
　　②　犹大是《圣经》人物,耶稣十二门徒之一。后因为三十个银币将耶稣出卖给罗
马政府,耶稣在十字架上被钉死后,犹大因悔恨而自杀。——译者
　　③　赫拉克勒斯是古希腊神话中的大力神。——译者

会的教士是个颇有学问的人，告诉主教说，那是个行过 12 次奇迹
的圣人。他还实现过第 13 次奇迹，比前面的 12 次还要更加强大；
但是这样的奇迹，耶稣会的教士是不好说出口的。那奇迹是在一
夜时间里，让 50 个姑娘变成妇人。一个爱说笑的人道破了第 13
个奇迹的故事，而且讲得绘声绘色。所有在座的太太们都低下头
去，无不认为，按照天真汉的相貌来看，他一定不会辱没圣人的
名声。

第 五 章

天真汉恋爱了

应当承认,自从洗礼和当天的晚宴之后,圣伊佛小姐满怀激情地希望,主教先生要是能再组织这样美好的仪式,让她和天真汉赫拉克勒斯先生都参加,那该有多好。然而,她是有教养的姑娘,而且十分谦虚,所以不敢承认自己内心竟如此多情。但是,如果无意中流露出某个目光,某句话,某个姿态,某种想法,她也会用纱幕一样极其可爱的腼腆,将其包裹起来。她是个多情、活泼,而又乖巧的姑娘。

主教先生一走,天真汉和圣伊佛小姐便不约而同地到了一块儿。两人事先没有想要说什么话,便攀谈起来。天真汉首先对她说,他一心一意地爱她;在家乡时曾经迷上的美人儿阿巴加巴,远远比不上她。小姐以她平时的谦虚回答说,这件事一定要尽快告诉他的院长叔叔和姑母,她也去和亲爱的圣伊佛神父提一提。她觉得,大家一定都会同意的。

天真汉对她说,他用不着任何人同意;自己要干什么,还要去问别人同意与否,他觉得这是十分可笑的;如果双方都同意,那就用不着第三方再来牵线搭桥。他说:"当我想吃饭,想打猎,或者想睡觉的时候,我用不着去问别人是不是同意;我知道在爱情这种事上,应当征得被爱的人同意。但是,因为我爱上的不是我叔叔,也不是我姑母,所以我用不着去跟他们说。如果你相信我,那你也用不着对圣伊佛神父说什么。"

我们可以想见,漂亮的布列塔尼姑娘挖空心思,想尽一切花招,想让她的休伦人遵守规矩。她甚至生气了,但马上又和气下来。总而言之,若不是天快黑了,神父先生要带妹子去修道院,还不知道这场谈话如何收场。叔叔和姑母经过白天的洗礼和长时间的晚宴,觉得有点累了;天真汉等他们睡下之后,夜里花了不少时间用休伦语给心上人写诗;看来,不管在世界上任何地方,动了爱情之念的人都是诗人。

第二天,叔叔在午饭后,当着德·甘嘉篷小姐的面,对他这样说:"亲爱的侄儿,赞美上天,你现在有幸成了基督徒,成了下布列塔尼人!但是这还不够;我年纪大了;我哥哥也只留下一小块儿土地,算不上什么财产;我有个不错的修道院,我希望你能同意当个助祭,我将来也好把院长的职务让给你,一来我老了有个安慰,二来你的生活也可以过得舒舒服服。"德·甘嘉篷小姐非常激动地听着。

天真汉回答说:"愿上天眷顾你,使你如愿长命百岁。我不知道当助祭是怎么回事,也不知道你怎样把职务让我;但是,只要我能随意支配圣伊佛小姐,让我干什么都行。""啊,天呐,侄儿,你说什么?你迷恋上这个漂亮的小姐了?""是的,叔叔。""唉,侄儿啊,你不能娶她。""怎么不能,叔叔?她离开时,不仅握了我的手,还答应我,说要嫁给我呢;我一定要娶她。""我跟你说了,这不可能,她是你教母;教母握干儿子的手,那是极其可怕的罪孽,人不能娶教母为妻;神圣的法律和人间的法律都不允许这样做。""见鬼!

叔叔,你是在说笑话吗? 为什么不能娶教母为妻? 她那么年轻,那么漂亮! 你给我的书中没有说,娶帮助别人受洗的姑娘为妻是坏事。我发现,很多事这里的人每天都在干,书里却没有说,而书里说的事,又根本没有人做;我承认,我对此感到十分奇怪,也很生气。如果说我受洗了,就得不到圣伊佛小姐,那我告诉你,我要把她抢走,我还要放弃我接受的洗礼。”

　　院长惊慌得六神无主。他妹子哭了。她说:“亲爱的哥哥,不能让侄儿下地狱啊;教皇圣父可以赦免他,他就可以作为基督徒,与他爱的人一起享受幸福。”天真汉拥抱姑母。他说:“这个好人是谁,能有如此善心,让相爱的男女结成眷属,如愿以偿? 我一会儿就去找他说说。”

　　人们给他解释教皇是何等人物。天真汉比以前更加惊奇。“亲爱的叔叔,这一切在你的书中都没有说啊;我四处周游过,我见识过大海;我们是在大洋的边上;难道我要离开圣伊佛小姐,到一千六百里外的地中海去,请求他允许我与圣伊佛小姐相爱? 他说的话,我又听不懂! 这简直让人莫名其妙。我现在就去圣伊佛神父家,也就四里地。我向你们保证,用不了一天时间,我就可以把心上人娶到手。”

　　他正说着,司法执行官进来了,照例又问他这是到哪里去。天真汉边跑边说:“我要结婚了!”一刻钟之后,他便到了亲爱的美人儿,下布列塔尼姑娘家。姑娘还在睡觉。德·甘嘉篷小姐对院长说:“哥哥啊,我看你永远没有办法让侄儿成为助祭了。”

　　司法执行官对这次来访感到非常不满意,因为他本想让他儿子娶圣伊佛小姐,而儿子比他父亲更加愚蠢,更加令人讨厌。

第　六　章

天真汉跑到心上人家里，生气了

天真汉刚到，向一个老仆妇打听过心上人的房间在哪里，房间门本来就没有关严，他用力将门推开，冲到圣伊佛小姐床前。圣伊佛小姐惊醒过来，发出一声尖叫。"怎么是你！啊，怎么是你！站住！你在干什么？"他回答说："我要娶你。"若不是她作为受过教育的姑娘，真心实意地挣扎，他真的就把她娶到手了。

天真汉听不得戏言，他觉得圣伊佛小姐是扭捏作态，太不像话了。"我的第一个心上人阿巴加巴小姐就不这么扭捏。你说话不算数。你答应过和我结婚，可你又不愿意。你这是没有遵守荣誉的第一规则。看我怎么教你说话算数。我要让你懂得什么是守信的美德。"

天真汉是个男子汉，说到做到。他天不怕地不怕，决不辱没受洗时人们给他取圣名的赫拉克勒斯。他正要像赫拉克勒斯一样行事，内心其实很守规矩的小姐发出阵阵尖叫。听到叫声，做事谨慎的神父带着女管家和教区的一个教士赶来。管家是个老仆人，也是虔诚的教徒。见来了这么多人，天真汉不敢再大胆妄为。神父对他说:"天呐,亲爱的邻居,你在这里干什么?"年轻人回答说:"尽我的责任啊。我是来履行神圣诺言的。"

圣伊佛小姐红着脸整整衣服。人们把天真汉带到另一间屋子里。神父责怪他,说他太过分了。天真汉用自然法的特权为自己辩解,对自然法,他深有体会。神父竭力解释说,人为法应当高于自然法,而且如果没有人与人之间建立的约定,那么自然法几乎就是大自然的弱肉强食。他对天真汉说:"结婚需要公证人、教士、证人、合同、教皇特许状。"天真汉的想法和野蛮人本来就一样,便回答说:"看来你们都是说话不算数的人,因为你们之间办事,要采取那么多防备措施。"

神父很难辩白。他说:"我们当中,是有很多心性善变的人,有很多骗子;如果休伦人集中生活在大城市里,那他们当中也会有这样的人。但是也有守规矩的人、诚实的人、开明的人,法律正是由这些人建立的。越是好人,就越应当遵守法律;我们要给坏人做榜样,我们要根据道德的要求约束自己。"

这一回答让天真汉感到吃惊。我们已经注意到,他是个思想公正的人。人们对他讲些好听的话,让他心情平息下来,也让他心中存着希望;这是两个陷阱,好坏两个圈子的人都想诱使对方跳进去。等圣伊佛小姐梳洗打扮好了,他们甚至让他与小姐见了个面。事事都安排得中规中矩;但是尽管如此,天真汉赫拉克勒斯火光迸发的眼神,总是能让他心仪的小姐低下头,让在场的别人心中一颤。

人们费尽九牛二虎之力,想让他回亲戚家去。漂亮的圣伊佛小姐不得不再一次利用她的影响力；她越是感觉到他对她服服帖帖，就越是爱他。她让他走了，心中却因此十分难过。他终于走了。神父不仅是她的老哥哥，也是她的监护人，他决心让他的心头肉躲开吓人的情夫殷勤的追求。他去向司法执行官征求意见；司法执行官还在琢磨如何让儿子把神父的妹子娶到手，便向神父建议，先把可怜的姑娘寄养在一座修道院里。这下事情可闹大了。即便是心中无动于衷的人，听说要被送进修道院，尚且会大吵大闹，更何况一个动了爱心、聪明而又多情的姑娘！她简直痛不欲生。

　　天真汉回到院长家，像平时一样，若无其事地把事情的经过讲了一遍。他又受到一番训斥，这对他的思想倒是有些影响，但是对他的情感却毫无作用。第二天，当他想再去漂亮的心上人家里，以便和她理论自然法和约定法的事时，司法执行官告诉他说，他的心上人进修道院了，说话时那种高兴劲，刺得天真汉心疼。天真汉说："那我就到修道院去和她说理。"司法执行官说："那可不行。"说着，便一五一十地给他详细解释什么是修道院，说修道院叫"couvent"或者"convent"，是从拉丁文的"conventus"来的，在拉丁文中是"集会"的意思；休伦人不明白他为什么不能去参加集会。司法执行官说，这种集会就像监狱，是专门用来关押姑娘们的；这可是他在休伦和英国都没有听说过的事；他暴跳如雷，正像他的主保圣人赫拉克勒斯；因为当年奥利亚的国王欧律托斯（Eurite, roi d'Oechalie）和圣伊佛神父一样，狠心不肯把和圣伊佛神父的妹子一样漂亮的女儿伊娥勒（Iole）嫁给赫拉克勒斯，赫拉克勒斯也是这样大发雷霆的①。天真汉想去放把火烧了修道院,将心上人劫走,或者和她一起被火烧死。德·甘嘉篷小姐被吓坏了,再也不敢指望侄儿当助祭,并且哭着说,自从他受洗以后,怎么就像魔鬼附身了一样。

---

① 希腊神话故事中,赫拉克勒斯因此而率军攻打奥利亚王国,将伊娥勒劫走。——译者

第 七 章

天真汉打退英国人

天真汉心情十分沉重。他向海边走去,肩上扛着双响猎枪,一把大刀斜挎在腰间;偶尔向天上的鸟开一枪,常常忍不住想把枪口对准自己;但是,因为有圣伊佛小姐,他还是想活着。有时候,他诅咒叔叔和姑母,诅咒整个下布列塔尼,诅咒他的洗礼;有时候,他又祝福他们,因为正是他们,让他认识了现在的心上人。他决心去烧了修道院,走着走着,突然又停下来,他害怕把心上人也烧死。矛盾的想法在他心里七上八下,即便是被西风和东风吹拂的拉芒什海峡,也不会卷起如此动荡的浪涛。

他正大步走着,也不知到了哪里,突然听到一阵鼓声,看见远处有一群人,一半在海岸上跑,一半在四散奔逃。

喊叫声从四面八方传来。出于好奇,再说,他是个天不怕地不怕的人,便向传来嘈杂声的地方跑去,不一会儿就到了。民兵队长和他一起在院长家吃过晚饭,一下子便认出了他,张开两臂向他跑来:"哎,这不是天真汉吗? 他会和我们一起战斗。"这时候已经被吓破胆的民兵,一下子有了仗势,便喊道:"天真汉! 天真汉!"

天真汉说:"先生们,出什么事了? 你们为什么如此慌乱? 有人把你们的心上人关进修道院了吗?"很多人七嘴八舌叫道:"你没见英国人要上岸了!"休伦人回答说:"那又怎么样! 他们是好人啊;他们又没抢我的心上人。"

民兵队长让他明白,英国人是来抢劫小山修道院的,他们会把他叔叔的葡萄酒喝光,也许会把德·甘嘉篷小姐劫走;他来布列塔尼时乘坐的那艘小船只是来探路的;他们并没有向法国国王宣战,便来与我们作对,而且现在全省都处在危险之中。"啊,要是这样,那他们违反自然法了;让我去对付他们;我跟他们一起生活了很久,听得懂他们的语言,让我来跟他们说;我不相信他们会有如此恶毒的意图。"

这边正在说着话,一只英国的船队靠近来;休伦人向船队跑过去,跳上一只小船,划到司令官的旗舰旁边,上去问他们,是不是没有正式宣战,就来骚扰地方。司令官和船上的人们哈哈大笑,给他喝了一杯潘趣酒,便让他走了。

天真汉心里愤愤不平;为了同胞和院长,他决心与从前的朋友们好好打斗一场。附近的贵族从四面八方跑来;天真汉也加入他们当中。他们有几门炮;他往炮里装填炮弹,瞄准,一门门地拉火射击。英国人上岸了;他迎着他们冲过去,亲手杀死三人,甚至把嘲笑他的司令也打伤了。他的勇敢鼓舞了整个民兵队的士气。英国人退回到船上,海岸上响起胜利的欢呼:"国王万岁!""天真汉万岁!"大家都去拥抱他;他身上受了几处轻伤,人们争着抢着为他揩擦血迹。他却说:"哎,要是圣伊佛小姐在,她会用纱布为我包扎。"

战斗期间躲在地窖里的司法执行官,这时也像别人一样来恭维他。可是,他听见天真汉赫拉克勒斯对十来个围在他身边跃跃欲试的小伙子说："朋友们,救下小山修道院不算什么,我们还要去解救一个姑娘。"听到这话,群情激昂的年轻人更加兴奋,司法执行官则吃了一惊。一大群人跟在天真汉的身后,向修道院跑去。要不是司法执行官立刻通知了民兵队长,要不是人们紧跟在这群欢天喜地的年轻人后边赶过来,那就要出事了。人们把天真汉带回叔叔和姑母家,两人感动得热泪盈眶。

叔叔对他说："我看出来了,你不是当助祭的料,也当不了修道院的院长,你将来会是个军官,会比我的上尉哥哥更加勇敢,说不定也和他一样是个穷光蛋。"德·甘嘉篷小姐一边拥抱他,一边不停地哭,并说："他会像哥哥一样被人杀死;还是当助祭好。"

天真汉在战斗中捡了一个大钱包,里面装满金币,很可能是舰队司令丢下的。他毫不怀疑,用这个钱包里的钱,他可以买下整个下布列塔尼,尤其是可以让圣伊佛小姐成为贵妇人。大家都鼓励他去凡尔赛,去领取英勇行为的奖赏。民兵队长和各级主要军官给他提供了很多证明材料。叔叔和姑母也同意侄儿去一趟。他一定会见到国王,这样一来,他在省里就成大名人了。两位好心的亲人从自己的积蓄中拿出一大笔钱,加入英国人的钱包里。天真汉心里说:"等我见到国王,我就求他让我和圣伊佛小姐结婚,他一定不会拒绝。"在全区人的欢呼声中,他出发了,被人拥抱得喘不上气来,姑母的眼泪沾湿了他的衣服,他心里却在求漂亮的圣伊佛小姐保佑他。

第 八 章

天真汉去见国王。路上与胡格诺教徒一起吃饭

天真汉取道索米尔(Saumur),因为当时根本就没有到别的地方去的车。到了索米尔之后,他见整座城几乎是空的,还有好几家人在搬家,便感到奇怪。人们对他说,六年前,索米尔有一万五千人,现在只剩不到六千人了。晚上在旅店吃饭时,他免不了与人谈到此事。同桌吃饭的,有几个新教的教徒,有的发牢骚、倒苦水,有的气得浑身发抖,还有的哭着用拉丁文说道:

......Nos dulcia linquimus arva
Nos patriam fugimus. ①

天真汉不懂拉丁语,便让人解说给他听,才明白那两句话的意思是:"我们抛弃美好家园,我们从祖国逃离"。

"那你们为什么要逃跑呢?""因为人们要我们承认教皇。""那你们不会不承认吗?如此说来,你们没有遇上要娶教母为妻的事吧?因为,他们对我说,要娶教母为妻,就要得到他的准许。""啊,

---

① 维吉尔,《牧歌》(Eclog. I, vers 3)。——B

先生,这位教皇说,国王的封地都是属于他的。""可是,先生们,你们从事什么职业?""我们大都做布匹生意和开工厂。""如果教皇说,你们的布匹和工厂都是他的,那活该你们都不承认他;但是,国王的封地属于谁,那是国王的事;跟你们有什么关系?"[①]这时,一个黑乎乎的小个子男人说话了,而且一五一十地阐述了在场人们的怨恨。他谈到"南特敕令"的废除,说得铿锵有力,谈到五万个家庭逃离,五万个家庭在龙骑兵的逼迫下不得不改信宗教,说得声情并茂,连天真汉听了也热泪盈眶。他说:"一个闻名遐迩、连休伦人都知道的伟大国王,怎么甘愿失去那么多爱戴他的子民?那都是可以帮忙的人手啊!"

黑乎乎的小个子回答说:"因为国王被骗了,就像很多伟大的国王被骗一样。人们让他相信,他会一呼百应,他会让我们改变宗教,就像他的乐师吕利(Lulli)转瞬间就能把歌剧院的布景换了一样。结果国王不仅失去了五六十万有用的子民,还为自己树了很多敌人。目前在英国当政的威廉国王,就把这些法国人编成好几个军团;而这些人本来是可以为法国的君主战斗的。"

路易十四为现任教皇[②]牺牲了部分人民,现任教皇反过来却与路易十四公开为敌,这种祸国殃民的事,岂不让人称奇;九年来,这两人吵得鸡飞狗跳,导致法国甚至有意打碎这种外人强加的、已经束缚了法国多少个世纪的枷锁,尤其是不能再给他交钱;天下的事,桩桩件件其实都是为了钱。所以显而易见的是,伟大的法国国王在利益和权力上都受到了欺骗,伤害了国王高尚的心灵。

---

① 这是冯特奈尔(Fontenelle)回答鲁昂一个冉森派商人时说的话。——K

② 英诺森十一世(Innocent XI)。参见第二十二卷第 280 页。——B

　　天真汉越来越激动,便问,是哪些法国人欺骗了休伦人如此爱戴的君主。人们回答他说:"是耶稣会的教士们。主要是国王陛下的忏悔师德·拉雪兹(P. de La Chaise)。但愿早晚有一天上帝会惩罚这些人,但愿人们把他们赶走,正如他们逼得我们背井离乡一样。天下还有比我们更加悲惨的人吗?蒙斯·特·路伏(Mons de Louvois)从各处派耶稣会的教士和龙骑兵来迫害我们。"

　　天真汉再也按捺不住,便回答说:"那好吧,先生们,我为国王效过力,要到凡尔赛去领取奖赏;我会与蒙斯·特·路伏谈一谈,听说就是他在内阁指挥战争。我会见到国王,一定让国王知道事情的真相。只要体察民情,就一定能了解真相。我不久会回来迎娶圣伊佛小姐。请你们来参加婚礼。"好心的人们以为他是乘驿车微服私访的贵人。也有人认为他是国王身边的小丑。

　　一起吃饭的人当中,有个化装的耶稣会教士,是给德·拉雪兹神父充当探子的。他把事情的经过报告了德·拉雪兹神父,德·拉雪兹神父又告诉了蒙斯·特·路伏。探子写了一封信。天真汉和探子的信几乎同时到了凡尔赛。

第 九 章

天真汉来到凡尔赛,受到接待

天真汉乘坐的"便盆车"(pot-de-chambre)①停在宫中厨房的院子里。他问轿夫几点钟可以见到国王。轿夫们当面嘲笑他,就像英国舰队司令一样。他也像对待英国舰队司令一样,对轿夫们饱以老拳;他们想回敬他,双方正要打得头破血流,正巧国王的一个贴身卫兵路过,是布列塔尼的贵族,他把打架的双方拉开。天真汉对他说:"先生,我看你是好人;我是小山修道院院长先生的侄儿,我杀死了很多英国人,来和国王谈谈,请你带我到他房间里去。"卫兵看到同省老乡,很高兴,但这个老乡似乎不了解宫中的规矩,便告诉他说,对国王是不能以这种口吻讲话的。要见国王,必须经过特·路伏大人的引见。"那就带我去见特·路伏大人吧,他一定会带我去见国王陛下的。"卫兵回答说:"见特·路伏大人比见国王陛下更难。但是,我带你去见战争部第一秘书亚历山大先生(M. Alexandre);见了他,就等于见到战争部人臣了。"说着,他们来到第一秘书亚历山大先生家里;但是,他们不能立刻被引见,他正在和宫里的一位贵妇人谈事情,下令说,任何人不得打搅。卫兵

---

① 一种从巴黎到凡尔赛的驿车,外形像一辆有顶篷的货车。——伏尔泰

说："那好，这也没什么。那我们就去见亚历山大先生的第一秘书，见了他，你就像见了亚历山大先生一样。"

休伦人感到万分惊奇，便跟在他身后走；在一个小小的候见厅里，他们一起待了半个小时。天真汉说："这是怎么回事？难道在这个国家，想见什么人都见不到吗？在下布列塔尼和英国人打仗，可比在凡尔赛见人办事要容易得多了。"为了打发时间，他把和同乡恋爱的事讲给卫兵听。但是，敲钟报时的声音，让卫兵想到该回去执勤了。他们互相说好第二天再见，天真汉在候见厅里又等了半个小时，心里一边想着圣伊佛小姐，又想，见国王和第一秘书可真不容易。

秘书终于露面了。天真汉对他说："先生啊，你让我等这么长时间，如果我也先等这么长时间，再去打退英国人，他们岂不是可以从容不迫地在布列塔尼随意烧杀抢掠。"听了这话，秘书感到很吃惊。最后，他对下布列塔尼人说："你有什么要求？"天真汉说："我要报酬；这些是我的证明。"说着，他把所有的证书都铺摊开来。秘书看了看，说可以让他花钱买个中尉的官衔。"什么？我打退了英国人，到头来还得让我花钱？我为你们卖命，还要自己花钱，而你们却不慌不忙在这里见客？我看你是在说笑话吧。我要一分钱不花，就当骑兵连的连长；我要国王下令，把圣伊佛小姐从修道院放出来，把她许配给我；我要面见国王，为五万个家庭求情，让这些家庭回归故土，为国王效力；总而言之一句话，我要为国家效劳，你们要给我职务，要提拔我。"

"你这么大呼小叫，叫什么名字？"天真汉回答说："哎，哎，你不是看了我的证明材料吗？你就这样办事？我叫赫拉克勒斯-德·

甘嘉篷;我受过洗,我住在蓝钟饭店。我要向国王去控告你。"秘书和索米尔的人们一样,认为他脑子大概有毛病,也没太在意他。

同一天,路易十四的忏悔师拉雪兹神父收到了探子的来信,信中说布列塔尼人甘嘉篷内心支持胡格诺派信徒,反对耶稣会教士。特·路伏先生也收到爱向人提问题的司法执行官写的一封信,信中说天真汉是无赖,想放火烧修道院,抢修道院里的姑娘。

天真汉在凡尔赛宫花园里散步,觉得很无聊,像休伦人和布列塔尼人一样吃了晚饭,便躺下睡了;夜里他做了个美梦,梦见第二天见到了国王,国王把圣伊佛小姐许配给了他;还梦见他至少能当骑兵连的连长,人们也不再迫害胡格诺派教徒。他正沉浸在诸如此类美妙的想法当中,却有警察撞进他的房间里。警察三下五除二下了他的枪和大刀。人们清点了他的现钱,把他带到小塔楼门(porte Tournelles)圣安托万街的皇家监牢里,那是约翰二世的儿子查理五世国王修建的①。

在去监狱的一路上,你就想天真汉该有多么吃惊吧!他开始以为是在做梦,便仍然浑浑噩噩;但是接着,他突然怒不可遏,力气出奇地大,转身掐住车里两个押送警察的脖子,将他们从车门扔出去,他也跟着跳下车,第三个卫兵想拉住他,也被带了出去。由于用力过大,他摔倒在地。人们把他捆起来,又抬上车。他说:"我把英国人从下布列塔尼赶了出去,你们就这样对待我!美人儿圣伊佛啊,你要是看到我现在这副样子,会怎么说呢?"

终于到了关押他的地方。人们默默地把他抬到牢房里,像把

---

①　也就是巴士底狱,1789 年 7 月 14 日被人民攻陷,后来被拆毁。——B

死人抬进墓地一样。屋里已经有一个波尔-罗亚尔教派①的修士，是个孤僻的老头子，名叫高尔同，不死不活地在这里被关了两年了。警察队长对他说："喂，有人来给你做伴了。"说着，牢门又被大铁锁锁上；厚厚的牢门上装着一排宽大的铁栅。两名囚犯被与外面的世界隔绝开来。

---

　　① 也就是冉森派，是 17 世纪的一个宗派，被教皇斥为异端，在 17 世纪时备受压迫。"特殊恩宠"是该教派的理论基石之一，认为人只有得到上帝的恩宠，才能够得到拯救。——译者

第 十 章

天真汉与冉森派教徒一起被关在巴士底狱

高尔同先生精神矍铄,心性旷达,他知道有两件事最重要,一个是忍受对手,另一个就是安慰不幸的人。他以开放和同情的姿态向同伴走来,拥抱着他说:"不管你是谁,既然来到这个活人的坟墓里,和我同住,请你相信,在这个地狱般不见天日的地方,我会一直忘我地努力,以减轻你的痛苦。我们要热爱上帝,是他把我们带到了这里,让我们心平气和地忍受吧,我们要心怀希望。"这些话对天真汉的心灵产生的抚慰,就像起死回生的英国药酒,让大真汉在惊异之中睁开眼睛。

在最初的寒暄之后,不等高尔同追问他为何遭此不幸,只是老人谈话时温和的口气,只是两个遭难的人互相的关注,便让他有意敞开心扉,卸下压在心头的重负。但是,天真汉不可能知道不幸的源头,只觉得自己的不幸是无缘无故的。而好心的高尔同老头也和他一样惊讶。

冉森派教徒对休伦人说:"上帝一定将降大任于你,因为他把你从安大略湖(lac Ontario)带到英国,又带到法国,让你在下布列塔尼受洗,又把你送到这里来,好让你得到拯救。"天真汉回答说:"天呐,我以为这完全是魔鬼在我命里捣乱。你不知道他们对我多野蛮,我在美洲的同乡绝不会这样对待我。他们想不到会有这种事。人们称他们'野蛮人',但他们是粗野的好人,可这个地方的人却是精明的坏蛋。老实说,让我更加感到纳闷的是,我怎么会从另一个世界来到这里,和一个教士一起被关进牢房;这让我想到无数人从地球的一边跑到另一边去送命,或者半道上沉了船,成了鱼虾的腹中食。对这些人,我看不出上帝有什么慈悲意图。"

有人从小窗口给他们送来晚饭。他们的谈话转到天命,说到国王的密诏①,以及用什么办法不对厄运低头,因为,在这个世界上,人人都可能遇到厄运。老头说:"我在这里被关了两年了,没有人安慰我,除了我自己和书,但我从来不烦恼。"

天真汉叫道:"啊,高尔同先生,这么说,你是不爱你的教母呀?如果你跟我一样认识圣伊佛小姐,那你也会感到绝望。"说到这里,他忍不住流下泪来,但同时,他觉得心里不那么憋闷了。他说:"唉,眼泪怎么会减轻人的痛苦的呢?我觉得应该恰恰相反啊。"好心的老头说:"孩子,我们身体里的一切都是物理现象;所有的分泌物都对肉体有益处,能减轻肉体的痛苦,也能减轻心灵的痛苦。我们是上帝造就的一架机器。"

我们已经多次说过,天真汉本来就是极有天赋的人;他深刻地

---

① 巴士底(Bastille)是王室的私家城堡(王室金库),后来成了监狱之后也是关押政治囚犯的地方。这些犯人往往不经过巴黎法院的审判。国王一道密诏(一封固定格式的密信)就可以把某人抓进来。而王公大臣可以代拟密诏。所以在很长时间里成了权贵清除异己的工具。——译者

思索了这一观念,似乎他心中本来就有这种思想的种子。而后,他又向同伴问道,他这架机器是为了什么事,竟在狱中被关了两年。高尔同回答说:"因为特殊恩宠;人们都认为我是冉森派教徒,我与阿尔诺(Arnauld)和尼戈尔(Nicole)①有过来往,耶稣会的教士们迫害我们。我们认为教皇不过是个一般的主教。为此国王的忏悔师拉雪兹得到国王许可,不经司法程序,就剥夺了我在人世间最为宝贵的财富:自由。"天真汉说:"这可真奇怪,我遇到的所有不幸,都是教皇导致的。你说的特殊恩宠,我承认根本不懂是怎么回事;但是,我在倒霉的时候遇到像你这样的人,倒是上帝给我的恩宠,因为,你给我的心灵带来慰藉,这是我自己做不到的。"

他们的谈话一天天变得越来越有意思,越来越有教育意义。两个因犯的心联系得越来越紧密。老头知道得很多,而年轻人又非常愿意学习。一个月之后,他开始学习几何,只顾贪婪地把知识装进脑子里。高尔同让他读了罗奥(Rohault)的物理学,这在当时还很时兴,而他很聪明地注意到,书里讲的一些事,都是不确定的。

后来,他读了《真理的探索》②第一卷。仿佛一道新的光明照亮了他的思路。他说:"啊,原来我们的想象和感觉竟在如此大的程度上欺骗了我们!原来外界的事物并不能形成我们的观念,我们也无法给予自己这样的观念!"当他读完第二卷,他就不那么得

①　阿尔诺(1591—1661年)和尼戈尔(1625—1659年)都是冉森派的重要神学家。——译者

②　《真理的探索》(*Recherche de la vérité*)是法国哲学家尼古拉·马勒伯朗士(Nicolas Malebranche)的作品。马勒伯朗士是法兰西科学院院士,法国天主教奥拉多利修会的神父,著名神学家和哲学家,17世纪笛卡尔学派的代表人物。——译者

意了,而且他最后归结道:原来破坏比建设更加容易。

　　只有在哲学上探索多年的人,才会有这样的想法;一个年轻人,对哲学一无所知,竟然也说出这种话来,这让狱友感到惊奇,他知道这人的思想非同小可,便对他更加关注。

　　有一天,天真汉对他说:"我觉得你那个马勒伯朗士的书,一半是用理性写的,另一半是用他的想象和偏见写的。"

　　几天之后,高尔同问他:"你如何看待心灵,如何看待我们接受观念的方式,以及我们的意愿、恩宠和自由意志?"天真汉回答说:"我对此没有什么想法,如果有,那就是,我们都在上帝的掌控之下,正像星辰和自然元素一样;我们的一切都是他决定的,我们就像一架巨大机器上的小轮子,上帝是这架机器的灵魂。他通过普遍规律指挥一切,而不是通过个别的观点:我认为只有这一点才是可以理解的;所有其他事物,都沉浸在黑暗的深渊中。"

　　"孩子,你这样说,等于认为是上帝制造了罪孽。""可是,神父,你所谓的特殊恩宠,不也是说,罪孽是由上帝造成的;因为可以肯定的是,凡得不到恩宠的人,都会犯下罪孽;将我们交付给罪恶的,难道不是制造罪恶的人吗?"

　　这种天真让好心的高尔同感到很难堪;他感觉到,他在徒然努力,想从泥潭中脱身出来;他说了很多貌似有意义的话,但实际上空洞无物,无非是说,物理运动有赖于上帝的意志;这让天真汉觉得很可怜。这个问题显然牵涉到善恶的起源;于是,可怜的高尔同不得不拿出一个个论据,却无论如何无法自圆其说,就像打开了潘多拉的魔盒，奥罗斯梅德的蛋被阿里曼一个个戳破[1]，泰风与欧西里斯互相敌视；最后他们又谈到原罪[2]。他们好比在一片深重的夜色里东奔西跑，却总也无法相遇。但是，灵魂的故事让他们不再关注自己的苦难，普天之下的无数灾难以奇怪的魔力，减轻了他们的痛苦。当天下人都在受难时，他们不敢再抱怨自己的痛苦。

　　但是，每当夜深人静时，美人儿圣伊佛的面容便出现在他脑海里，将形而上学和道德的观念一扫而光；他醒来时眼里便含着泪水；冉森教派的老头认为他罪孽深重，但也把特殊恩宠，把圣西朗神父和冉森主教[3]丢在脑后，安慰年轻人。

　　他们在读书、讨论问题之余，也谈各自的遭遇；空谈一阵遭遇，又一块儿或者分别读书。年轻人的精神变得越来越强大。若不是圣伊佛小姐让他分心，他会在数学上钻研得很深。

　　他读了一些历史的书，书里的内容让他心情沉重。他觉得世界太可恶，天下苦难太多。的确，历史完全是一幅罪恶和苦难的画卷。在这个宽广的舞台上，你永远看不见广大而安分守己的群众的踪影。历史人物都是邪恶的野心家。好像历史只有成为悲剧，人们才会喜欢，如果没有愤懑的激情、重大的罪恶和深重的苦难，

---

　　① 参见第十五卷，第 314—315 页。——B

　　② 古代波斯传说，奥罗斯梅德（Orosmade）和阿里曼（Arimane）是永远斗争不止的善恶之神；奥罗斯梅德创造了二十四个善的精灵，藏于蛋中，以免受到阿里曼的伤害。但是阿里曼戳破了蛋壳，以至世界上善恶总是成对出现。埃及宗教中有代表恶的泰风（Typhon）和代表善的欧西里斯（Osiris）。原罪是指《圣经》中亚当与夏娃偷吃禁果之事。——译者

　　③ 圣西朗神父（abbé de Saint-Cyran）和冉森（Jansénius）主教都是冉森教派的创始人。——译者

那么历史就会了无生气。克里奥的手中必须拿一把匕首,正如墨尔波墨涅一样①。

虽然法国历史充斥着可怕的事件,与其他国家的历史一般无二,但法国历史的开端令人厌恶,中期枯燥无味,后期显得十分渺小,即使亨利四世时期,也是一样,总是缺乏宏伟的建筑,与其他国家的伟大发现比起来,显得格格不入,在世界的这个角落,有的只是一些令人莫名其妙的灾难,天真汉不得不按捺着性子,才读完那段历史。

高尔同的想法和他一样。读到费岑萨克、费桑萨盖和阿斯塔拉克几个诸侯②的故事时,他们觉得真是可怜,不约而同地笑了。的确,这项研究只对诸侯的继承人有用,如果他们有继承人的话。罗马帝国的美好时期一时吸引了他,使他淡漠了对地球上其他地方的关注。他的整个心思都在罗马如何战胜异族,如何立法统治。看到罗马人民怀着追求自由和光荣的激情,统治了长达七百年时间,他的心情不由得激动起来。

多少天,多少个星期,多少个月的时间就这样过去了。若不是他心中的爱情,在被关押的绝望的日子里,他甚至觉得自己很幸福。

---

①　克里奥(Clio)是希腊神话中九个缪斯女神之一,司掌历史。与其他缪斯女神一样,是宙斯与谟涅摩叙涅所生。墨尔波墨涅(Melpomène)是希腊神话中司悲剧的缪斯。在古希腊艺术作品中,墨尔波墨涅的形象是一名高大的妇女,穿着剧装斗篷和高筒靴(这些都是悲剧演员的穿着),一手持短剑或棍棒。——译者

②　费岑萨克(Fesensac)公爵领地面积长二十八里,宽二十里,于 1140 年归并入阿马尼亚克公爵领地(Armagnac)。费桑萨盖(Fesansaguet),也称小费岑萨克子爵领地,在 1404 年归并入阿马尼亚克公爵领地。阿斯塔拉克(Astarac)公爵领地大约长五十二里,宽四十四里。——B

他天性善良，也为小山修道院的院长和生性敏感的甘嘉篷姑母感到难过。他常常说："他们得不到我的消息，会怎么想呢？他们一定以为我是个忘恩负义的家伙。"一想到这里，他便心中难过。他只同情爱他的人，从来没有为自己感到哀怨。

第 十 一 章

天真汉如何进一步发展天赋

阅读能让人的心灵变得伟大,开明的朋友能安慰人的心灵。被关押的年轻人没有想到,自己竟然得了这两项好处。他说:"我几乎相信人真的可以脱胎换骨,因为,我从一无所知的野人,变成了一个真正的人。"他获准动用自己的钱,于是便从中拿出一部分,挑选了一批书。他的朋友鼓励他把思考用文字记录下来。以下是他写的对古代历史的感想:

"我想,很多民族在很长时间和我一样,都是在很晚的时候才学习了知识,在多少个世纪期间,人们只是关注眼前发生的事,很少关注过去,从来不关注未来。我在加拿大足迹遍及两千四百多里的地方,没有看到一座纪念建筑。没有任何人知道曾祖一代都做过什么事。这难道不正是人的天然状态吗?我认为这个大陆的物种比另一个更优秀。多少个世纪以来,人们通过艺术和知识改善了人的存在。难道是因为他们下巴上有胡子,而上帝又没让美洲人长胡子?我不相信是这样。因为我看到,中国人也几乎没有胡子,可是他们的艺术已经有五千年的历史。的确,他们之所以有四千年的编年史,那么民族的聚集和繁盛的历史一定超过四十个世纪。

"在中国的古代史中,有一件事让我感到吃惊,那就是那里的一切都显得真实而自然。我佩服的是,中国的历史上没有任何事物是神乎其神的。

"为什么所有其他的民族都为自己编造了神话的起源呢?法国史的编纂者,其历史并不久远,他们认为法国人起源于赫克托的儿子弗朗库斯(Francus)①;罗马人自称是弗里吉亚人②的后裔,虽然罗马语言中没有一个词与弗里吉亚语相关;诸神在埃及的土地上生活了上万年,而统治斯基泰(Scythie)的,是魔鬼,魔鬼在斯基泰生下匈奴(Huns)。在修昔底德之前,我看到的只有传奇故事,像《阿玛提斯》③一样,但远没有《阿玛提斯》有趣。无非是神出鬼没、神谕、奇迹、巫术、人神变异、梦的解说,不管是大帝国,还是小国家,其命运莫不由这些东西决定:有的地方野兽会讲人话,有的地方野兽成了人们崇拜的偶像;有的神变成了人,有的人变成了神。如果我们需要的是寓言,我们希望至少寓言是真理的象征!我喜欢哲学的寓言,儿童的寓言让我觉得可笑,骗子的寓言让我觉得可恨。"

有一天,他偶然看到一本查士丁尼皇帝④的历史。书中说,君士坦丁堡一些愚蠢的家伙⑤,用十分蹩脚的希腊文发布了一道敕

---

①　赫克托是荷马史诗《伊利亚特》中的勇士,以勇武著称。——译者
②　弗里吉亚人(Phrygien)是古代小亚细亚的人种。——译者
③　《阿玛提斯》(Amadis)是西班牙骑士传奇故事。印行于1508年。——译者
④　查士丁尼一世(Justinien,483—565)是拜占庭帝国的皇帝。——译者
⑤　"Apédeutes"意思是"无知的人","没有受过教育的人"。——M. Decroix(译文"愚蠢的家伙"原文是"Apédeutes",在法文里是个生僻词,所以原编者加此加注。——译者)

令①，反对当时最伟大的上尉，因为上尉在谈话中一时激动，说了这样一句话："真理本身就会发光，薪火无法照亮人的思想。"教会的蠢人们却说，这种话是异端邪说，散发着异端的臭味；反过来说才符合天主教的、普遍的、希腊的思想："只有薪火才能照亮人的思想，真理是不会自己发光的。"就这样，这些穿麻布长袍的人②发布敕令，批判了上尉的多次讲话。

"怎么！"天真汉叫道，"原来敕令就是这种人发布的！"高尔同反驳说："那不是敕令，那是祸国的乱命③，在君士坦丁堡被人们嘲笑，皇帝首先便认为是笑谈；查士丁尼是个圣贤君主，使穿长袍的愚蠢教士们不得胡作非为。他知道，这些人和一些教士④，在大事上也敢乱颁法令，导致严重后果，之前一些皇帝早就不耐烦了。"天真汉说："他做得对，对教士就是应当既支持，又限制。"

他还写下很多别的感想，让高尔同老头吃惊不小。高尔同心想："这孩子几乎是个野蛮人，而我勤奋学习五十年，反而不及他天性的常识！我自己用心良苦，唯恐强化了偏见；而他只管听信自己简朴的天性。"

好心的高尔同也有几本批判性的小册子，是一些期刊；在里面发表文章的人大都自己写不出好东西，只会否认别人的作品；里面

---

① 巴黎神学院以十分蹩脚的拉丁文，对马蒙泰尔的《贝利撒留》(*Bélisaire de Marmontel*)发出了审查令。——B

② 教会博士穿的宽袖白色法衣。作者在这里影射的是巴黎索邦神学院对马蒙泰尔的《贝利撒留》发布的审查令。——M. Decroix

③ 法文这里是"contr'édits"。1775 年的版本当中是 contr'édits；Kehl 的版本中也是这样写的。1775 年之前的所有版本写的都是 contredits，但是，我们不能忘记的是，伏尔泰的很多作品都是在外国印刷的，而且有时候，作者并没有过目。——B

④ 原文 pastophore 意思是"穿长袍或者大衣"的人。——M. Decroix

有维塞（Visé）之流对拉辛（Racine）的作品发出的污言秽语，也有像费迪（Faydit）之类对芬乃伦（Fénelon）说三道四的话。天真汉也翻阅了几本这样的书。他说："我看他们就像苍蝇，将蝇卵下在最美的骏马的屁股上，但这丝毫无损于骏马的奔驰。"两位哲学家对这些文学的垃圾十分不屑。

不久，他们开始一起读天文学的书；天真汉让人头来地球仪，是他非常喜欢的一个很大的地球仪。他说："在我被剥夺了观测天空的权利的时候，才开始学习认识大空，这是多么残酷的事啊！木星和土星在广大的空间转动；数百万颗太阳照耀着数十亿个世界；我被抛弃在地球的一个角落，我虽然有眼睛，有头脑，竟然有人不让我看到这些世界；上帝让我出生在人世间，可我竟然看不到这个世界！可以照耀整个宇宙的光明，我却见不到。在我度过童年和青年时代的遥远的北方，没有人这样对待我。若是没有你，亲爱的高尔同，我在这里简直会处在一片虚无之中。"

第 十 二 章

天真汉如何看待戏剧

天真汉就像一棵生命力强悍的树,虽然生长于贫瘠的土地,一旦移植在适合生长的环境,根须和枝叶不久就会伸展开来;令人惊异的是,对他来说,监狱竟然成了适宜他成长的土地。

在两个狱友空闲时读的书中,有诗歌,有古希腊悲剧的译本,也有几本法国的戏剧。讲爱情的诗让天真汉的心灵既感到愉悦,又感到痛苦。他从诗中体会到的,都是他亲爱的圣伊佛。看了两只鸽子的寓言,他的心都要碎了:他什么时候才能回到他的鸽巢去呢?①

莫里哀的喜剧让他着迷。他从中了解到巴黎和天下人的风俗习惯。"你最喜欢他的哪一出戏?""不用说,当然是《伪君子》。"高尔同说:"我跟你的想法一样;把我带进监狱里来的,正是一个伪君子,或许让你倒了此霉的,也是一些伪君子。"

高尔同问:"你认为希腊的悲剧怎么样?"天真汉回答说:"对希

---

① 《拉封登寓言》第九卷第二篇有《两只鸽子》,说的是两只友情深厚的鸽子,一只喜欢待在家里,另一只喜欢出外游玩。喜欢出外游玩的鸽子不顾另一只的劝告,飞出巢去,经历了种种风险,九死一生,终于带着伤残艰难地回到巢中。——译者

腊人来说不错。"但是,当他读了现代的悲剧,《伊菲革涅亚》(*Iphigénie*)、《费德尔》(*Phèdre*)、《安德洛玛刻》(*Andromaque*)、《亚她利雅》(*Athalie*)①,他完全被迷住了,他为剧中的人物叹气,流泪,没有故意记诵,便都熟记于心了。

高尔同对他说:"你读一读《罗多古娜》(*Rodogune*)②吧;据说那是戏剧的杰作,比较起来,你非常喜欢的其他戏剧就算不上什么了。"年轻人只看了第一页,便对他说:"这不是出自同一位作者。""你怎么看得出来?""我还说不清楚,但是这些诗既不动听,也打动不了我的心。"高尔同反驳说:"噢,那不过是诗而已。"天真汉回答说:"那为什么要写这样的诗呢?"

他非常用心地读完了剧本,没有别的意图,只是想从中得到愉悦;而后他瞪着发干的眼睛,奇怪地看着朋友,不知道该说什么好。最后,高尔同催他赶紧说说感觉如何,他是这样回答的:"开始我没怎么看懂;看到中间感到十分气愤;最后一幕让我很感动,虽然我觉得这种事不大像是真事;我没有对任何人发生兴趣,我记住的诗不超过二十句,而我要是喜欢的话,看完之后我能倒背如流。"

高尔同说:"可是,这个剧本被认为是最好的。"天真汉反驳道:"如果真是这样,那就像很多与其地位并不相配的人一样。说到底,这不过是人的兴趣爱好的问题。我的兴趣爱好大概还没有形成,我有可能错了。不过,你知道,我一般总是心里怎么想,或者更准确地说,心里怎么感觉,口里就怎么说。我怀疑,在人的判断当

---

①　法国剧作家拉辛(Racine,1639—1699 年)的作品。——译者
②　高乃依(1606—1684 年)的作品。高乃依是 17 世纪上半叶法国古典主义悲剧的代表作家,一向被视为法国古典主义悲剧的奠基人。——译者

中，常常会有幻觉和时尚的作用，人们会意气用事。我的评价来自于天性，有可能我的天性还不完善；但是有时候，也可能大部分人在评判时，并没有问问他们的天性是什么意见。"说着，他背了几段《伊菲革涅亚》的诗；像这样的诗句，他脑子里记了很多；虽然他的朗诵并不高明，但是情感真实、细腻，让上年纪的冉森派教徒听了，也不由得热泪盈眶。然后他又读了《西拿》（Cinna）①；读后他没有哭，但是满脸佩服的神色。

———————————

① 《西拿》也是高乃依的作品。——译者

第 十 三 章

美人儿圣伊佛要去凡尔赛

倒霉的天真汉虽然精神上没有得到安慰,但是思想却越来越明朗;他那被压抑了太长时间的天才,得到了迅速而有力的发展;他的天性变得越来越完美,仿佛是因命运遭难而得到了回报。与此同时,院长先生和好心的妹子,以及漂亮的修女圣伊佛怎么样了呢?第一个月,他们感到不安;到了第三个月,他们便沉浸在痛苦之中;各种无端猜测、道听途说让他们觉得,一定是出事了;过了六个月,人们都以为他死了。最后,德·甘嘉篷先生和小姐通过一个国王的卫兵在很久之前寄往布列塔尼的一封信得知,一个很像是天真汉的年轻人,有一天晚上到了凡尔赛,但是夜里就被劫持了,从那以后,就再没人听说过他的消息。

德·甘嘉篷小姐说:"唉,我们的侄儿一定干了蠢事,遇上麻烦了。他年轻,是下布列塔尼人,不懂得宫中的规矩。亲爱的哥哥,我从没有去过凡尔赛和巴黎;眼下是一个机会,也许我们能够找到可怜的侄儿;他是我们的哥哥的骨血,他有难,我们应当去救他。等年轻人的盛气消磨没了,谁知道我们能不能最终让他成为助祭。他对学习很有天赋。你还记得他在讨论《旧约》和《新约》时的一些想法吧。我们对他的灵魂负有责任,因为是我们让他受洗的。他的心上人圣伊弗小姐整天以泪洗面。实际上,我们应当去巴黎。有人多次给我讲过,说巴黎有糟糕的妓院;如果他在那里花天酒地,我们就把他拉回来。"院长被妹子的话感动了。他去找到为休伦人施洗的圣马洛主教,求他帮忙,请他出主意。主教同意他到凡尔赛去一趟。他给院长写了一些引荐信,让他去见王国第一尊贵的教士,国王的忏悔师拉雪兹神父,巴黎的大主教哈莱(Harlay),以及莫城的主教波舒埃(Bossuet)。

兄妹二人终于出发了;但是,到了巴黎之后,他们迷路了,像到了迷宫里一般,进无门,退无路。他们并不是很有钱的人家,但是每天出门寻访都要坐车,可是他们却始终一无所获。

院长到拉雪兹神父家里求见;拉雪兹神父正与杜·德隆小姐(mademoiselle Du Tron)在一起,不能见客。院长来到巴黎大主教家门前,主教大人①为教会的事务正和德·勒迪吉埃尔夫人(madame de Lesdiguières)单独关在屋里。他又跑到莫城主教在乡下的别墅,正赶上主教与莫雷翁小姐(mademoiselle Mauléon)一起研究居荣夫人的《神秘之爱》。但是不管怎么样,他还是把自己的要求表达给巴黎大主教和莫城的主教听;不过两个人都声明说,他们不能干预他侄儿的事,因为他不是助祭。

---

① 弗朗索瓦·德·哈莱·德·肖瓦隆(François de Harlay de Chauvalon)是巴黎的大主教(1670—1695年),曾拒绝将莫里哀葬入教会的墓地,下令将居荣夫人(madame Guyon)关进监狱;为路易十四和曼特侬夫人(madame Maintenon)的婚礼祝福。因其风流事而著称。有一天,他走进一个沙龙,见里面有很多漂亮的贵妇人,便说:"牧者的美丽羊群啊"(Formosi pecoris custos);这是维吉尔的半句诗;贵妇人当中有人接过话头,将诗句补充完整:"更加美丽的是牧者"(Formosior ipse)。——B

　　最后,他终于见到了耶稣会的会士。拉雪兹神父张开两臂欢迎他,大声说,他一向格外看重小山修道院的院长先生,虽然他们从来没有见过面。他保证说,教会对下布列塔尼一向关注。他说:"你的侄儿会不会不幸地成了胡格诺派信徒?""当然不是。""那他是不是冉森派信徒?""我可以向大人保证,他刚成为基督徒。大约在 11 个月之前,我们为他行了洗礼。""这样就好,这样就好。我们会照顾他的。你的教职收益不错吧?""唉,温饱而已。我们还要为侄儿花不少钱。""你们附近有没有冉森派的教徒? 你要小心,亲爱的院长先生,他们比胡格诺派信徒和无神论者更危险。""大人,我们那里没有冉森派的人,我们小山修道院的人根本不知道什么是冉森教派。""那就好。好,我会为你的事竭尽全力。"他客气地送走院长,便把这事扔在了脑后。

　　时间在流逝,院长和好心的妹子感到绝望了。

　　这期间,可恶的司法执行官催着他的大傻儿子和美人儿圣伊佛结婚,人们也专为这事把她从修道院接了出来。她仍然爱着自己的教子,同时又非常恨人们为她介绍的丈夫。关进修道院的耻辱更加激起了她的感情,现在,人们又要她嫁给司法执行官的儿子,这让她忍无可忍。悔恨、柔情和担心搅得她心里七上八下。我们知道,和院长老头以及年过 45 岁的姑母心中的友情相比,一个姑娘在爱情上更用心思,行事也更加大胆。另外,在修道院时,她偷偷看了不少小说,从中受益匪浅。美人儿圣伊佛小姐还记得国王的卫兵寄往下布列塔尼的信,省里人议论过这件事。她决心自己到凡尔赛去打探情况,向大臣求情,如果真像人们说的那样,她的心上人被关进了监狱,那她一定要替他申冤。也不知道为什么,她隐隐地感觉到,宫中不会拒绝一个漂亮姑娘的要求;但是,她不知道要为此付出何种代价。

下定决心之后,她反而得到了安慰,心情平静下来,不再总是与那个愚蠢的求婚者作对。她对可恶的公公很客气,抚慰哥哥,让家里充满欢乐的气氛。到了举行婚礼的那天,她带着婚礼的一些小礼物,以及她所能收集到的一切,于早晨四点钟悄悄地走了。她事先隐藏得很好,所以等她走出四十里地,将近中午时分,才有人走进她的房间。发现她不见了,人们大吃一惊,不知所措。喜欢提问题的司法执行官这一天提出的问题,比整个星期都多;这时的新婚丈夫,也显得比以往任何时候更加呆傻。圣伊佛神父生气了,决定去追妹子。司法执行官和儿子要陪他一起去。就这样,几乎全布列塔尼的人,都在命运的指引之下去了巴黎。

美人儿圣伊佛小姐料到人们会来追她。她骑着马;巧妙地向驿夫打听,是否在来路上遇到几个要去巴黎的人赶路,一个胖胖的神父,一个身材高大的司法执行官,以及一个年轻的傻子。第三天,她听说这几个人不远了,于是她走上另一条路,凭着机巧和运气到了凡尔赛,而那几个人却在巴黎到处找她。

可是,到了凡尔赛又该怎么办呢?她年轻、漂亮,没人辅佐,没人帮忙,举目无亲,危险重重,怎么敢去找国王的卫兵?她心生一计,去找了一个地位卑微的耶稣会教士;教士分别为各种地位的人效劳;他们自己说,正如上帝为不同种类的动物提供了不同的食物一样,上帝给国王派了忏悔师,而所有想谋求俸禄的人,都说国王的忏悔师是法国天主教的领袖;然后公主们也有忏悔师;王公大臣们不要忏悔师，他们还没有愚蠢到这种地步。有的教士专门为平民百姓告解，尤其是专门听女仆的忏悔，因为通过女仆，可以了解女主人的秘密；这种差使也不是好当的。漂亮的圣伊佛便找到了这样一个教士，他名叫万事通。她向万事通忏悔，把她的遭遇，她现在的状况，她的危险处境讲给他听，求他找个好心的女信徒，让她住在那人家里，好免受一切诱惑之害。

万事通把她带到在御厨房当差的一个军官的家里，军官的老婆是万事通的心腹。她一到那人家，便想方设法赢得军官老婆的信任和友情。圣伊佛小姐向她打听布列塔尼的卫兵，并求她把卫兵带到她家里来。她听卫兵说，她的心上人是和第一个办事员谈过一场话之后，被劫持的，便急忙到那个办事员家里；办事员见是一个美人儿来求他，便心软了；因为，我们不得不承认，上帝创造女人，就是为了驯服男人。

办事员被圣伊佛小姐打动，便一五一十对她讲了事情的原委。"你的情人被关进巴士底狱近一年了，要是没有你，也许他一辈子都会被关在里面。"多情的圣伊佛晕了过去。当她清醒过来时，办事员对她说："我想做好事也做不到；我的全部权力，也就仅仅限于偶尔做点坏事。请相信我，你到德·圣波安越先生（M. de Saint-Pouange）家去，他是特·路伏大人的表弟和心腹，是个好事也干，坏事也干的人。特·路伏大臣有两个灵魂，一个是德·圣波安越，另一个是迪弗莱努瓦夫人（madame Dufresnoy）[①]；但是迪弗莱努瓦夫人目前不在凡尔赛；你只能去找我说的这位大人。"美人儿圣

---

① 在 Kehl 版本之前的版本当中，这里是迪·贝卢瓦夫人（Madame Du Bel-loy）。——B

伊佛又高兴,又痛苦;看到一点点希望,可心里还是发愁、担忧;她身后有哥哥在追,心里爱着情夫,刚擦完眼睛,忍不住泪水又涌了出来;她胆战心惊,身体觉得虚弱不堪,又只能鼓起勇气,三步并两步赶到德·圣波安越先生家。

第 十 四 章

天真汉的思想在进步

天真汉在学习中进步飞快，尤其是人文科学。他在思想上之所以进步很快，一方面是由于他之前受到的是野蛮人的教育，同时也由于他具有很强的可塑性。他童年时什么也没有学过，所以也就没有偏见。他的见识不曾被错误歪曲，仍然像一张白纸。他眼里看到的是真实的事物，而不像我们，我们童年接受的观念，使我们一辈子看到的，不再是事物的本来面目。他对朋友高尔同说："迫害你的人可恶透了。你受压迫，我可怜你；但是，你信奉冉森教派，我也可怜你。我认为，凡教派都是错误的结果。你说，几何有派别吗？"好心的高尔同叹一口气，说："没有，我亲爱的孩子。当真理得到证明时，大家对真理的意见是一致的。但是对那些仍然模糊的真理，人们的分歧就太大了。""你还不如说是模糊的错误。多少个世纪以来，在你们反复思考了多少遍的那一堆论据当中，如果有真理，大概早就被人们发现了；那么，天下人至少在被发现的真理上，意见会是一致的。如果必须有真理，像地球必须有太阳一样，那这个真理也会像太阳一样闪耀光芒。如果说：有一个真理对于人来说是根本性的，但是上帝把它隐藏了起来；这种话是荒唐的,谁这样说,谁就是在侮辱人类,谁就是在谋杀无限的、至高无上的存在。"这个无知的,由天性教导出来的年轻人所说的一切,都在不幸的老学者心中留下深刻的印象。他叫道:"难道我真的在为一些虚妄的东西感到痛苦吗?我对自己的不幸,远比对特殊恩宠觉得更加确实。我花了毕生精力,思考上帝和人的自由;可是,我失去了自由。圣奥古斯丁(Saint Augustin)和圣普罗斯珀(Saint Prosper)都不能从深渊中把我拉出去。"

天真汉直抒胸臆:"我信任你,让我大胆地说一句吧;有些人因为派别之间徒然的争吵而受迫害,这种人不太明智;而迫害别人的人,只能是魔鬼。"

两个狱友一致认为,他们被关押是不公正的。天真汉说:"我比你可怜一百倍;我生来像空气一样自由;我有两条性命,一是自由,二是我爱的人:我的两条命都被人剥夺了。你我被关进铁牢,不知道为什么被关,又不能问。作为休伦人,我活了二十年;人们说,他们是野蛮人,因为他们会向敌人报仇;但是他们从来不压迫朋友。我刚一到法国,就为法国流了血;也许我救了一个省的法国人,作为报答,我被扔在这个活人的坟墓中,要是没有你,我会被气死。这个国家难道没有法律?不听人申辩,就给人判刑!英国就不是这样。哼,我不该和英国人打仗。"如此看来,正在他心中形成的哲理,并不能压抑他反抗的天性,他仍然以原始的权利,发泄正义的愤怒。

他的狱友并不反驳他的话。如果爱情没有得到满足,那越是见不到所爱的人,爱意就会越深,哲学也不能化解这种爱意。他经常谈到道德和形而上学,但是也经常谈到他亲爱的圣伊佛。他的感情变得越是纯洁,他就越是爱她。他读了几本新小说;他认为书中的描写很少有能反映他的心灵处境的;他觉得小说中的故事和他的心意差得很远。他说:"唉!这些作家,个个只有思想和艺术。"最后,好心的冉森派教士在不知不觉中成了他吐露情愫的心腹。以前,冉森派教士认为爱情是罪孽,人们是在忏悔之后原谅了自己。现在,他知道这是一种高尚而温柔的感情,这种感情可以使人的心灵升华,也可以使它堕落;总而言之,休伦人竟然感化了冉森派的信徒,这不能不说是一个奇迹。

第 十 五 章

美人儿圣伊佛拒绝暧昧的提议

美人儿圣伊佛比她的情人更加多情,她在女房东的陪伴下,到了德·圣波安越先生家;两个女人都用头巾遮着脸。她们在门口看到的第一件事,就是她哥哥圣伊佛神父正从门里走出来。她吓了一跳;但是虔诚的女友让她不要怕。"正因为有人说了不利于你的话,所以你才一定要去辩白。你要相信,在这个国家,如果有人指责你,你要赶紧揭穿他,否则有理的就是他了。更何况你出面,一定会比你哥哥的话管用,除非我看错了。"

心怀激情的恋人受到怂恿,便会天不怕地不怕。圣伊佛小姐上门去求见。她年轻,有魅力,多情的眼中窝着泪珠,这让她更加引人注目。来拜见副大臣的每个人,一时都忘了权力的偶像,眼里只看着美人儿。德·圣波安越让她进了一间办公室;她说了此行的目的,言语动情而优雅。德·圣波安越也受到了触动。她浑身战栗。他让她放心,并对她说:"你今天晚上再来,你的事需要从长计议,容我们细细商量;现在这里人太多,接待外访的时间又太短。对你的事,我们要深入地谈谈。"然后,他赞美她的美丽和情感,又建议她晚上七点钟再来。

晚上七点钟,她按时来了,虔诚的女友仍然陪着她,但是女友待在客厅读《基督徒教义》①,而德·圣波安越和美人儿圣伊佛却待在后面一间小书房里。

他首先对她说:"小姐,你相信吗?你哥哥是来讨一张密诏,要把你关起来。说实话,我倒是愿意好歹给他开一张,打发他回下布列塔尼。""哎,先生,国王密诏难道是你们随便开的吗?怎么会有人不远千里,从王国的一隅来向你讨要密诏,就好像要养老金一样?我可不是来要密诏,好把我哥哥关起来的;我非常可怜他,但是我尊重人的自由;我是来为一个人讨要自由的,因为我要嫁给他,多亏了他,国王才保住了一个省,他可以为国王效劳,他还是死在战场上的一位军官的后代。他犯了什么罪?为什么要如此残忍地对待他,根本不听他申诉呢?"

这时,副大臣将耶稣会的探子和恶毒的司法执行官的信给她看。"天下怎么会有这样的魔鬼!这个可笑又可恶的人,想逼我嫁给他那个可笑的傻儿子!你们就是根据这样的意见,在这里决定公民的命运!"她跪倒在地上,哽咽着要求释放爱着她的那个勇敢的人。这时候,她的魅力更加招人同情。她那么美,圣波安越竟然不知羞耻地暗示说,她的事不难办,只要她把留给情夫的第一次给了他德·圣波安越。圣伊佛小姐被吓坏了,又感到羞耻,便长时间假装没有听懂他的话;他不得不把话说得更明白。第一句话可能说得比较矜持,第二句便更加露骨,接着第三句就直奔主题了。他提议不仅可以将密诏作废,而且还可以给报酬,给钱,给荣誉,给俸

---

① 伏尔泰称之为"给傻瓜看的极好的书"(参见第二十九卷,第119页)。这本书的作者是吴特曼(P. Outreman)。——B

禄;许诺的越多,就越是表明他希望不要被拒绝。

圣伊佛小姐哭了,她喘不上气来,仰倒在一个沙发上,简直不敢相信她的所见所闻。圣波安越也跪倒在地。他不是个一无是处的人,本来不至于把毫无这种经历的姑娘吓成这样。但是圣伊佛爱她的心上人,觉得为了救他而背叛他,那简直是犯下滔天大罪。圣波安越的请求更加迫切,许了更多的愿;最后,他昏了头,向她声明说,既然她对那人如此关切,如此多情,这是救他出狱的唯一办法。这场奇怪的谈话没完没了。在前厅等待的虔诚信徒,一边读着《基督徒教义》,一边说:"上帝啊,两个小时了,他们到底在干什么? 圣波安越大人与信徒谈话,从来没有过这么长时间。也可能他拒绝了可怜姑娘的要求,所以她一直到现在还在求他。"

她的同伴终于从后书房出来了,神情显得十分慌乱,连话都说不出来,却在内心深处想,那些大人物和半大人物,原来如此轻而易举,就可以牺牲男人的自由和女人的名誉。

一路上,她一句话不说。到了朋友家,她一下子哭出声来,把一切都对女友说了。虔诚的女友画了很多大大的十字。"亲爱的朋友,明天去问问我们的导师万事通神父吧;他很得圣波安越先生的信任;神父听取圣波安越先生家好几个女仆的忏悔;万事通神父是个虔诚而又随和人,不少名门大家的妇人也听他指导呢。你就一切听他安排吧,我就是这样做的,结果一向都很好。像我们这些可怜的女人,我们需要得到男人的指导。""那好吧! 亲爱的朋友,我明天去见万事通神父。"

第 十 六 章

她向耶稣会的神父请教

伤心的美人儿一见到好心的忏悔师，便向他推心置腹地说，一个有权势的好色之徒向她提议，说是可以把她合法的未婚夫从监狱里救出来，还说既然他帮了忙，那她就要付出重大代价；她说，她非常讨厌这种不忠的行为，如果只是涉及到她自己的生命，那与其受辱，还不如一死了之。

万事通神父对她说："这是可恶的罪孽。你得把这个坏家伙的名字告诉我；一定是冉森派的哪个教士，我要向拉雪兹大人去揭露他，把他关进你的未婚夫现在被关押的囚牢里。"

可怜的姑娘为难了很长时间，说什么也下不了决心。但最后还是说出了圣波安越的名字。

耶稣会的神父叫道："是圣波安越大人！啊，姑娘，那就不一样了；他是最大的大臣的表兄弟，是个好人，好基督徒，乐善好施；他不可能有这种想法的；一定是你听错了。""哎，亲爱的神父，我听得真真切切；我完了，不管我做什么，最终只能落个不幸和耻辱的下场；要么我的情夫被活活埋进坟墓里，要么我就得接受让我身败名裂的事。我不能让他死，可我又救不了他。"

　　万事通神父尽量用和气的好话安抚她。

　　"首先,孩子,你不能说'我的情夫'这种话,因为它有轻薄的意思,会得罪上帝;要说'我丈夫';因为,虽然他还不是你丈夫,但你已经把他看作你丈夫了;这也是非常诚恳的态度。

　　"第二,虽然你想让他,你希望他成为你的配偶,但他实际上还不是;所以,你并不会犯下通奸罪,而通奸是重大罪孽,是要尽可能避免的。

　　"第三,只要愿望是纯洁的,那么行动就不是犯罪,而解救你丈夫,是天下最纯洁不过的事。

　　"第四,在神圣历史上,有一些先例可以非常好地说明,你的行为是正当的。圣奥古斯丁讲述说,公元 340 年,在塞普蒂米乌斯·艾森迪努斯(Septimius Acyndinus)①担任行省总督的时候,一个可怜人无法向凯撒支付应缴纳的钱款,被判了死刑,这在当时是公正的,虽然古人说:'碰到穷光蛋,国王也没法'。那人欠的是一个金币;犯人有个妻子,托上帝的福,她人长得漂亮,办事又慎重。一个有钱的老头答应给她一个金币,甚至可以给更多,条件是他要和那女人干点龌龊事。那女人认为,为了救丈夫,她做的事就不是罪恶。圣奥士斯丁很赞成她高尚而隐忍的行为。的确,有钱的老头欺骗了她,甚至她丈夫最终还是被吊死了;但是,她做了她能做的一切来挽救他的生命。

　　"你要相信,孩子,当一个耶稣会的教士援引圣奥古斯丁的时候,那圣奥古斯丁一定是有道理的。我这不是在给你出主意,你是

---

　　①　参见《贝尔词典》(*Dictionnaire de Bayle*)的 Acyndinus 词条。——B

聪明人;可以假设,你能够为丈夫帮忙。圣波安越大人是诚实的人,他不会欺骗你;我只能给你说这么多;我会为你向上帝祈祷,希望为了上帝的光荣,一切都会平安无事。"

美人儿圣伊佛听了副大臣的话,本来就被吓坏了,现在耶稣会神父的话更让她惊慌失措;她六神无主地回到朋友家。想到心爱的情夫被关在可怕的监狱里,她慌得不知如何是好,而救他,又要以她身上最宝贵的东西为代价,这本来是属于她那个倒霉的情夫的;她真想一死了之。

第 十 七 章

出于道德，她甘愿受辱

她求闺蜜把她杀了，好一了百了；但是，这个女人比耶稣会的神父更有宽容心，说得更加直白。她说："哎，法国宫廷可爱、风流，天下无人不知；要在这里办事，非这样不可。从普通职位到最显赫的职位，常常都要付出代价，而且人家要什么，你就得给什么。你听我说，咱们很要好，互相信任，我才向你承认，如果我像你这么不好说话，那我丈夫就得不到这个小小的官职来养家糊口；这事他知道，可他没有生气。他把我看成是他的恩人，认为是我成全了他。你以为那些省长，甚至军队的指挥官，他们的荣誉和财富都是自己干出来的？有些人之所以有今天，得感谢他们的老婆。军人的官职大小，是由爱情决定的；谁的老婆最漂亮，谁的官职才最高。

你的情况更特别；你要救情夫见天日，并嫁给他；这是你的神圣责任。我给你说的那些美人儿和贵妇人并没有受到谴责。人们也会夸赞你，说你是在美德的推动之下，才一时迷失。"

"啊！多么高尚的美德呀，"漂亮的圣伊佛叫道："这是罪恶的圈套！这是什么鬼地方！我可知道男人是什么东西了！一个叫拉雪兹的家伙和可笑的司法执行官把我情夫关进监狱,我的家人迫害我;我遭了难,就有人趁火打劫,想败坏我。一个耶稣会的会士毁了一个好人,另一个耶稣会的会士又想毁我;我四周都是圈套。看来我马上就要落入火坑了。我要么自杀,要么和国王去说;我要等国王去望弥撒或者去看戏的时候,跪在他经过的路上喊冤。"

闺蜜对她说:"人们不会让你靠近国王的。如果你不幸和国王说了,路伏大人和拉雪兹神父会把你关进某个修道院的后院,让你一辈子不见天日。"

圣伊佛小姐本来就已经很绝望,好心的女人让她更加不知所措,等于又往她胸口插进一把刀。这时,来了一名当差的,送来圣波安越先生的一封信和两只好看的耳坠。圣伊佛哭着把信和耳坠扔在地上,但是闺蜜把东西接了过来。

送信的人一走,圣伊佛小姐的闺蜜便看了信,内容是请两位女友晚上去吃饭。圣伊佛发誓说不去。虔诚的女友想让她试试两个钻石耳坠。圣伊佛根本无法忍受这东西。她一整天都在左右为难。最后,她一心想着情夫,放弃了挣扎,被女友拖着,也不知道要去哪里,被带着去吃了那顿要命的晚饭。她无论如何也不肯戴上钻石耳坠。她的好朋友便随身带了来,在上桌之前,硬给她戴上。圣伊佛非常羞愧,心慌意乱,也只能受人摆布;主人看了,倒觉得是好兆头。晚饭结束的时候,闺蜜悄悄离开了。主人给美人儿看撤销密诏的公文,批准大笔赏金的文书,还有连长的委任状;他还许了很多其他的愿。"唉呀,"圣伊佛小姐对他说,"要不是你逼得这么紧,说不定我会爱上你。"

　　最后,经过长时间的推诿、哭泣、喊叫,流了不知多少眼泪,挣扎得浑身无力了,头脑乱成一团糨糊,只好破罐子破摔,听天由命了。她唯一的办法只能是心心念念地想着天真汉;没有人性的圣波安越却无情地利用她被逼无奈的处境,尽情享受。

第 十 八 章

她解救了情夫和冉森派信徒

破晓时分，她带着大臣的命令，飞一般赶到巴黎。我们很难描述她一路上的心情。可以想象，一个贞洁、高尚的女子，因受到玷污而感到耻辱，同时又因为情感而陶醉；因为背叛了情夫而后悔得撕心裂肺，可想到心上人就要被释放了，她内心深处又觉得非常高兴！她的苦涩，她的挣扎，她的成功，无不在头脑里搅成一团，使她不知道该想什么。她原本是个心性简单的姑娘，外省的教育使她的思想十分狭窄。现在她变了，爱情和不幸教育了她。感情在她心中变得成熟了，正如理性使她那倒霉的情夫思想产生了飞跃一样。姑娘的感性较容易得到发展，而男人则在思想上进步得更快。她从自己的遭遇中受到的教育，比在修道院四年时间学到的东西还多。

她的衣着非常简朴。她无法忍受去见可恶的恩主时的装扮，连看也没看便把耳坠扔给了闺蜜。她感到又羞愧，又高兴，天真汉像偶像一样，让她崇拜，可她又恨自己；终于到了

那可怕的城堡，复仇的宫殿，里面

关的，常常是有罪的人，和无辜者。①

　　要下车时，她一点儿力气也没有，人们只好扶她下了车。她走进巴士底狱，心狂跳不止，眼里含着泪水，脸上是惊慌失措的表情。人们把她介绍给巴士底的总督；她想对他说什么，嗓子里却发不出声音；她拿出释放令，勉强说了几句话。天真汉是总督十分喜欢的一个囚徒，能放了他，总督倒是很高兴。他的心还不像铁石，不像前几任令人敬畏的监狱长，一心只想着看管犯人能得到的报酬，通过迫害别人发自己的财，靠别人的不幸吃饱饭，看到遇难的人流眼泪，便像恶魔一般内心感到高兴。

　　他把犯人叫到他的公寓来。两情人相见，都高兴得昏了过去。美人儿圣伊佛很长时间一动不动，像死了一样。天真汉则很快恢复了勇气。总督对他说：“看来这是你妻子吧；怎么没有听你说过你结婚了。他们对我说，正因为她不辞劳苦地费心，你才被释放的。”美人儿圣伊佛声音颤抖着说：“啊！我不配当他的妻子。”说着便又晕了过去。

　　她清醒过来，用仍然抖个不停的两手，拿出批准赏金的文书，以及连长的任命状。天真汉又惊讶、又激动，像从一场梦中醒来，却又落入另一场梦中一般。“我为什么被关在这里？你是怎么把我救出来的？害我坐牢的魔鬼在哪里？你是从天上下来救我的仙女。”

　　美人儿圣伊佛低下头。她看看情夫，红了脸，紧接着，她眼里

①　见于伏尔泰的史诗《亨利亚德》(*Henriade*)，第四首，第456—457句。——B

含着泪水，又转头避开天真汉。她终于把她知道的一切，她体会到的一切，都告诉他，唯独没有说她想永远瞒着他的事；可是这种事，除了天真汉之外的其他人，只要是对人情世故略有所知，对宫中的习惯有所洞察的人，大概不难猜得出来。

"这可恶的司法执行官怎么可能剥夺我的自由？啊，我明白了，他这种人，像最卑鄙的动物一样可以咬人。但是，一个僧侣，一个耶稣会的教士，又是国王的忏悔师，怎么也像司法执行官一样害我呢，我想象不出这可恶的坏家伙以什么借口迫害我！他难道说我是冉森派的信徒？最后，你怎么还记得我？我不配你记挂，我那时候不过是个野蛮人。什么，你没有人陪伴，没有人帮助，孤身一人去了凡尔赛！你一去，就让人打碎了我的枷锁！看来漂亮和美德的魅力之大，能将铁门打破，能让铁石心肠的人变成好人！"

一听到"美德"这个词，美人儿圣伊佛嚎啕大哭起来。她责备自己有罪，可她不知道这罪中包含着多大的美德。

她的情夫接着说："我的天使啊，你解救了我，既然你有办法让他们还我公正，虽然我还不知道你是怎么做到的，那你也救救一个老头子吧，是他第一个教会我思考，正如你教会我爱一样；我们是共患难的狱友，我爱他，像爱父亲；没有你，我活不下去；可没有他，我也活不下去。"

"让我再去求那人，他……""我想我的一切都归功于你，我的一切永远归功于你，你就为我再做点好事吧，既然你已经开了头，那就把好事做到底，把奇迹完成。"她心里觉得，凡是情夫的要求，她都应该去满足。她想写封信，可是她的手不听使唤。她三次写了信的开头，又三次把信纸撕了。她终于把信写完。两情人拥抱了特殊圣宠的受难老者,便走出监狱。

悲喜交加的圣伊佛小姐知道哥哥住在哪家旅馆。她到了旅馆,天真汉也在那里要了一个套间。

他们刚到,她的保护人便派人送来释放好人高尔同的命令,并约她第二天见面。看来,她每做一件善良和慈悲的好事,都要以玷污自己的名誉为代价。这是把人的幸福和灾难像商品一样明码标价地出售,对这种习俗,她恨之入骨。她把释放令交给情夫,拒绝去见为她做善事的人,见到他,她会感到万分痛苦和羞愧。除了去解救朋友,天真汉再也不愿意与她分开。他如飞一般赶到监狱。在尽朋友责任的同时,他思考着在这个世界上发生的怪事;他十分赞赏年轻姑娘勇敢的美德,两个苦难的人欠她的情分,恐怕他们以生命为代价,也不能报答万一。

第 十 九 章

天真汉，美人儿圣伊佛和他们的亲戚聚在了一起

慈悲而可敬的不贞女子见到了哥哥圣伊佛神父，小山修道院好心的院长和德·甘嘉篷小姐。大家感到很奇怪，但是，每个人的处境和感觉不一样。圣伊佛神父跪倒在妹子脚下，为自己的过错痛哭流涕，妹子原谅了他。院长和多情善感的妹子也在哭，但他们流的，是高兴的泪水；卑鄙的司法执行官和他那个令人讨厌的儿子，并没有搅扰这一动人的场面。一听说他们的对头被放了出来，他们就溜了，跑回家乡，去隐藏自己的愚蠢和恐惧。

四个人百感交集，等着年轻人和他解救的狱友一起回来。圣伊佛神父在妹子面前不敢抬头。好心的德·甘嘉篷小姐说："如此说来，我能再见到亲爱的侄儿了！"迷人的圣伊佛小姐说："你会再见到他的。但是他已经变成另一个人。他的仪态、声音、思想、精神，一切都变了。原来他对什么事都天真而陌生，现在他成了令人尊敬的人。他会为你们家带来荣誉和安慰；可惜我不能为我家争光！"院长说："你与从前也完全不一样了。到底发生了什么事，在你身上产生了如此巨大的变化？"

大家谈得正热闹，天真汉来了，手拉着冉森派的教士。于是，

场面开始为之一新,而且变得更加有意思。开始是叔叔和姑母激动地拥抱他。圣伊佛神父几乎要跪在天真汉面前,他已经不再是一个天真的人。两情人用眼睛互送秋波,表达着他们内心深处充盈的情愫。人们看得出来,天真汉的脸上洋溢着满意和感激的表情,圣伊佛小姐的眼中却流露出激动和些许慌乱的神色,显得有点尴尬。面对让人如此高兴的事,她却显得很是痛苦,这让人们觉得颇为蹊跷。

　　没过多久,高尔同老头便博得家里人人欢喜。他和年轻人一起在狱中受过难,这便足以成为大家喜欢他的理由。他是由两个年轻的情人解救出来的,仅这一点,便使他不再排斥爱情。他心里再没有原来那些不近人情的观念,也像休伦人一样,变成了一个真正意义上的人。晚饭前,每个人都讲了自己的遭遇。两位神父和天真汉的姑母像孩子听鬼故事一般听着,而且也像所有的人一样,总是对人的苦难格外关注。高尔同说:"圣伊佛小姐为我们打碎了牢狱的铁门;可是,哎,现在大约有五百多名品德高尚的人像我们一样被关在里面,他们的不幸没有人知道。要让一些不幸的人受到打击时,总是会有大量的人出手,可是为了救助这些人,就难得有人愿意出面了。"这句话千真万确,使高尔同更易动情,心中因此充满了感激。圣伊佛小姐的功劳因之而显得更大。人们赞佩她心灵的伟大和坚强。赞赏中还交织着尊敬,因为,谁在宫中有势力,人们对他总是敬佩有加的。但是,圣伊佛神父有时候会想:"我妹子怎么这么快就有了如此大的势力了呢?"

　　人们正要早早吃饭,凡尔赛的闺蜜来了,她并不了解之前发生了什么事。她坐着六匹马拉的车,让人一望而知那是权贵才有的派头。看她的神气，像是宫里有要事在身的人，对屋里的人只是略微点点头，便把美人儿圣伊佛小姐拉到一旁："你怎么让人等了这么久？快跟我前去。这是你忘了的钻石首饰。"她说话的声音并不是很低，天真汉听到了，也看到了钻石；哥哥惊呆了；叔叔和姑母也感到十分吃惊，只不过那是乡下人因为从没有见过如此豪华的东西，从而表现出的惊讶。休伦人经过一年的思考，已经知道了很多东西，不由得想到什么，并一时显得很慌乱。他的情人发现了他的异样，漂亮的脸上弥漫开死人般的苍白，身子突然抖起来，她几乎支撑不住。她对要命的闺蜜说："啊！夫人，你要毁了我！你这是要我死啊！"这些话刺进天真汉的心里；但是，他已经学会了控制自己，当时并没有惊扰她们，担心让他的情妇在哥哥面前感到不安。但是，他也像她一样变得脸色苍白。

圣伊佛看到情夫表情的变化，一时惊慌失措，把那女人拉出房去，来到一个小过道里，当着她的面将钻石扔在地上。"诱惑我的，不是这些东西，你明知道的；不过，给我这些东西的人再也别想见到我。"朋友把钻石捡起来，圣伊佛小姐又说："让他把这东西收回去，或者让他送给你。别再让我对自己感到羞耻。"送信的女人终于回去了，不明白为什么她的朋友会后悔。

美人儿圣伊佛感到胸中压抑，浑身躁动，连气都喘不上来，不得不躺在床上。但是为了不惊动别人，她并没有说她不舒服，只是说累了，请大家允许她休息一会儿；但是在此之前，她还对在座的人们说了很多安慰和恭维的话，又向情人看了几眼，让他心中燃起火来。

饭桌上没有了她，开始显得死气沉沉，但是，这种牵动人心的沉闷,使大家对谈话更加关注,谈话也就更加有益,比起人们追求的轻浮的热闹,比起只会让人感到厌烦的一般的吵闹,反而显得更加高雅。

　　高尔同用不多几句话,介绍了冉森派和莫利纳派①的历史,说明了一派对另一派的迫害,以及两派坚忍不拔的精神。天真汉评论了他的介绍,说有些人为了利益引发争吵,还不满意,还要以令人难以理解的荒唐原因,为了自己短暂的利益互相给对方制造新的痛苦。高尔同只管讲,天真汉管评判,客人们则在一旁兴致盎然地听着,也从另一个角度明白了很多事。他们谈到人生的厄运之漫长,生命之短暂。大家注意到,每种职业都有各自的恶习和危险,从君主一直到最卑微的乞丐,似乎都在怪罪天性。为什么世界上有那么多人,为了一点点金钱,甘愿去迫害别人,当别人的走狗和刽子手?执掌大权的人,冷漠而毫无人性地签署一纸命令,便可以毁掉一个家庭;而一些受雇佣的人,又怀着野蛮的兴奋心情去执行这样的命令!

　　好心的高尔同说:"我年轻的时候,见过德·马里亚克元帅②的一个亲戚,因为元帅的官司在省里被追缉,只好匿名躲在巴黎。那是一个 72 岁的老头了。他妻子陪着他,年纪和他相仿。他们有个 14 岁的放荡儿子,从家里逃了出去;先是当了兵,后来又当了逃

---

　　①　莫利纳派(molinisme)是由 16 世纪西班牙天主教耶稣会神学家莫利纳(Molina,1536—1600 年)创立的学派,主张圣宠和自由意志之间的和谐。认为上帝确定生命形式和行动条件,人有自由来遵循上帝的规则,以使自己得到拯救。冉森派的理论则继承了奥古斯丁的衣钵,认为人只有得到上帝的恩宠,才能够得到拯救。所以两派互相指责对方。——译者

　　②　路易·德·马里亚克(Louis de Marillac,1572—1632 年)是法国元帅,因在推翻黎世留一案中被株连,于 1632 年 5 月 10 日在巴黎被处决。——译者

兵。他放浪形骸,穷困潦倒,没有他不曾经历过的苦难;最后,他用本地的地名作了姓,在黎塞留红衣主教的卫队当差——这个教士和马扎兰(Mazarin)①一样,是有卫队的。他在这群打手中当个小头目。有一天,冒险家奉命去逮捕老两口。抓人时,他心狠手辣,完全是一副想取悦主子的走狗嘴脸。在押送他们的一路上,他听到两个老人详细抱怨从儿时开始遭受的不幸。父母二人认为,他们最大的不幸,是儿子不学好,最后失踪。他终于和父母相认,但他照样把他们送进了监狱,他对他们说,报效红衣主教阁下,是要放在第一位的。事后,红衣主教因他的效忠奖赏了他。

"我见过拉雪兹的一个探子背叛亲哥哥,希望得到一点好处,结果他并没有如愿。而且我亲眼见他死了,不是死于后悔,是因为耶稣会的教士欺骗了他,使他感到痛苦而死。

"我当过很长时间忏悔师,了解一些家庭的内幕,我知道的家庭都不乏苦痛之事,外表却披着幸福的伪装,似乎过得很快乐。我一向就注意到,我们的痛苦,都是过分的贪婪造成的。"

天真汉说:"我认为,一个心灵高尚,知道感恩,有情义的人能够生活得幸福。希望我和慈悲、漂亮的圣伊佛小姐生活得幸福美满。"他又对圣伊佛小姐的哥哥友好地笑笑,补充说:"我相信,你不会再像去年一样拒绝我,我也会以更体面的方式来求婚。"神父急忙为过去的事道歉,并且说,他的美好情感会千年不变。

德·甘嘉篷叔叔说,这是他一辈子最美好的一天。善良的姑

---

① 黎塞留(Richelieu,1585—1642 年)是红衣主教,路易十三的大臣。马扎兰(Jules Mazarin,1602—1661 年)在黎世留之后担任过红衣主教和大臣,是外交家和政治家,先为教皇服务,后来为法国国王路易十三和路易十四效劳。——译者

母高兴得飘飘忽忽,喜极而泣,叫嚷道:"我早就跟你说过,你不会当助祭的!结婚可比当助祭好多了;上帝保佑,让我参加你的婚礼!我得当你妈妈呀。"大家争先恐后地夸赞多情的圣伊佛小姐。

她为他做的事,他心里十分感激;他太喜欢她,所以钻石耳环的事并没有在他心中留下主导的印象。但是有一句话,他听清楚了,"你这是要我死啊!"这句话还在隐隐地让他害怕,败坏了他心中的快乐,而人们越是夸赞他美丽的情人,他就越是爱她。最后,人们张口闭口说的都是她,都是两情人应得的幸福;他们计划都到巴黎来生活,大家打算着怎么发财,如何扩大产业;他们沉醉于希望;人只要看到一点点幸福的影子,便容易沉迷于这样的希望。但是天真汉内心深处隐隐排斥这样的幻想。他又看了一遍圣波安越签署的委任状,以及特·路伏签字的文书,人们根据实际情况,根据自己的了解,向天真汉说过这是两个什么样的人物。每个人在谈到大臣和内阁时,都像在饭桌上聊天一样随意,而在法国,人们认为这种随意性是在地球上可以享受到的最宝贵的自由。

天真汉说:"如果我是法国国王,我选择的战争部大臣出身门第一定要高,因为他要向贵族发号施令。他本人应当是军官,应当是在军队中一级一级提升起来的,至少应当是陆军中将,而且要配得上法国元帅的头衔。如果没有在军中服过役,他就不会了解军人的疾苦。指挥官必须是个勇敢的军人,他手下的军官们才会心甘情愿为他效命;而一个办公室的文员,不管他多么聪明,对作战这种事也只能揣摩个大概。战争部大臣出手大方,这当然不是坏事,虽然国王的财政大臣有时会感到为难。但我希望他办事利落,生性快活;水平高的人都有这样的特点,不仅百姓喜欢,他自己在工作中也不那么辛苦。"天真汉之所以指望战争部大臣具有这样的性格,因为他一向注意到,这样的人一定不是残酷无情的人。

特·路伏满足不了天真汉的这些希望。但他在别的方面有功劳。

当人们还在餐桌吃饭时,不幸的姑娘病势转重,浑身像着了火一样,她发高烧了;她感到很难受,但是她没有说,因为她不愿意打扰客人们的兴致。

他哥哥知道她没有睡,到床头来看她;见她病势沉重的样子,很是吃惊。大家都跑了过来,情夫在哥哥之后赶来。在所有人当中,他无疑是最着急和最动真情的;不过,除了天赋的幸福本能之外,他也学会了如何审慎行事,所以很快便觉得应当遵规守矩。

他们立刻找来附近的一名医生。有的医生一听说有病人,便急忙跑来,把病人的病症与之前看到的病人混为一谈,胡乱诊治;他们找来的医生就是这样一个庸医。医学这门科学,即便有了稳健而成熟的辨症,经过反复思考,也无法完全排除不确定性和危险。而这位医生只是匆忙开了一些当时很时髦的药,让病人的状况变得更加糟糕。连医学也讲时髦!这种怪癖在巴黎太普遍了。

除了医生之外,圣伊佛小姐心中的悲伤使病势变得更加危险。她的心灵在杀死她的身体。各种杂念仿佛向血管注入了毒药,这比她的高烧更加要命。

第 二 十 章

美人儿圣伊佛死了，以及后续发生的事

人们又叫来另一个医生。年轻人本来生机旺盛，体内各种器官都在促进生命的恢复；医生只要顺势而为，事情本来会慢慢好起来。可新来的医生不是这样，只顾与原来医生的做法相反，好显出自己的正确。在两天的时间里，病情竟然开始危及性命。人们认为，脑子是认知的基础，心脏是感情的中枢，这时却双管齐下，一同向圣伊佛小姐的身体发起猛烈进攻。

我们不知道是何种机制，导致身体的器官受制于人的感情和思想。一个痛苦的想法，怎么就能搅乱血液的整个循环呢？血液又是如何导致人的认知忽好忽坏的呢？那种比光还活跃、速度还快的流体究竟是什么？它的存在是肯定无疑的，它能在瞬间飞快地达到身体的各种渠道，产生感觉、记忆，忧郁或者快乐，清醒或者昏迷，令我们惊恐地记起本来竭力想忘记的事物，让一个有思想的动物成为令人佩服、令人可怜，或者令人悲痛的对象。

以上是好心的高尔同说的，其实这种想法非常自然，所以人们很少提起。尽管有这种想法，但高尔同仍然很动感情；因为他不像那些不幸的哲学家，想方设法让自己保持铁石心肠。他从感情上牵挂这个姑娘的命运，就像父亲看着亲爱的孩子慢慢死去。圣伊佛神父绝望了。院长和妹子流的泪简直能汇成一条小河。但是，谁能描绘她的情夫的心情呢？任何语言都不能表达他那撕心裂肺的痛苦；语言太不完善了。

姑母几乎要死过去，虚弱无力的手臂搂着正在咽气的圣伊佛小姐的头；她哥哥跪在床尾；圣伊佛小姐的情夫拉着她的手，嚎啕大哭起来，眼泪落在她的手上。他说，她是他的恩人，他的希望，他的生命，他的半边天，他的情妇，他的妻子。听到"妻子"这个词，她叹了一口气，看了他一眼，眼中柔情无限，简直无法用语言来表达；突然，她发出一声惊恐的叫喊；接着，似乎心中的消沉、压抑和痛苦一时都消失了，让她的心灵又有了自由和力量；她叫道："我还能做你的妻子吗？唉，亲爱的心上人啊，我恐怕得不到这个名分，这种幸福，这种报酬了。我要死了，我该死。我心中的上帝啊！为了地狱中的魔鬼，我把你牺牲了，完了，我受到了惩罚，愿你们生活得幸福。"这多情而可怕的话，人们不可能听得懂，但是，所有人心中都感到害怕了，都动了真情；她还有勇气想解说清楚。她说的每个词无不让在场的人因惊讶、痛苦、怜悯而浑身发抖。原来，有权有势的人在纠正让人痛恨的冤案时，又犯了罪，强迫清白无辜的可敬姑娘做了他的同谋。大家不约而同地开始痛恨这个大人物。

她的情夫对她说："什么？你有罪？不，你没有罪；在心中的，才是罪。而你的心充满了美德，你的心中只有我。"

他说了很多话，想证实他的感情；他的话似乎让圣伊佛小姐复活了。她感到受了安慰，奇怪自己仍然被爱着。高尔同老头从前只是冉森派的信徒时，会谴责她的心情，但是现在，他成了一个贤者，反而敬重她；他哭了。

　　就在人们痛哭流涕、担惊受怕的时候，就在大家觉得招人喜爱的姑娘危在旦夕的时候，就在大家六神无主的时候，有人通报说，宫中有人送信来了。有人送信来？谁的信？为什么事？是国王的忏悔师给小山修道院的院长送来的信。信不是拉雪兹神父写的，而是他的侍从瓦德布莱德（Vadbled）修士，瓦德布莱德在当时是个非常重要的人物，负责向大主教传达拉雪兹神父的意旨，接待来访，分派教职，有时候甚至代拟关押人的国王密诏。他给小山修道院的院长写信说，拉雪兹神父已经知道他侄子的遭遇，把他关进监狱是误会，这种晦气之事经常发生，请不要在意；总之，院长最好第二天来引见他侄儿，同时把好心的高尔同也一起带来；瓦德布莱德修士会带他们去见拉雪兹神父和特·路伏大人。特·路伏大人会在接待厅会见他们。

　　他还补充说，天真汉的故事以及他与英国人战斗的事迹已经传达给国王，国王在长廊散步时肯定会屈尊看他一眼，甚至向他点点头。最后表达的是希望，也是对天真汉的恭维，说宫中所有的贵妇都巴不得在梳妆时召见他，有的也许会对他说：你好啊，天真汉先生。在国王的晚宴上，人们肯定会提到他。信的签名是："耶稣会修士，你的亲切的瓦德布莱德"。

　　院长大声地读完了信，他侄儿大怒，但还是控制着怒火，对送信人什么也没有说，只是转向与他共患难的狱友，问他对这种事怎么看。高尔同回答说："他们就是把人当猴子耍！先打一顿，再让它们跳舞。"人在经历大事的时候，总会流露出天性；天真汉这时又恢复了旧时的脾气，将信撕成碎片，扔在送信人脸上："这就是我的回信。"他叔叔吓坏了,似乎看到天上的雷霆和二十封抓他的密诏同时落在身上。他赶紧去写回信,并尽可能道歉,以为是年轻人不懂事,其实那是心灵伟大的人真性情的表露。

但是,每个人心中都有更加痛苦的事。不幸的美人儿圣伊佛感觉到自己不久于人世;她十分平静,但那是一种可怕的平静,表明她元气衰落,已无心抗争。她用无力的声音说:"亲爱的情夫啊,我一时犯错,死了也是罪有应得;但是,看到你自由,我死也瞑目了。我在爱着你的时候背叛了你,现在也在爱着你的时候与你诀别。"

她并没有假装坚强,不想为了可怜的名声,让邻居们说:"她死得很勇敢"。谁能在二十岁上便失去心上人,失去生命和人们所说的名誉,而不感到遗憾和撕心裂肺的痛苦呢?她觉得自己的状态很不好,她通过话语和临死前的眼神表达了自己的感觉,虽然她还能控制得住自己。最后,她也像别人一样哭,在她还有力气哭的时候。

有的人在临死之前,漠然地看着自己的身躯毁坏,所有的动物都是这样的命运;有的人企图赞美这些人对待死亡的态度之伟大;我们只有到了一定的年纪,或者被病痛折磨得跟他们一样漠然,完全丧失了对身体器官的感觉时,才能像他们一样,在死的时候无动于衷。任何人遭受了重大损失,都会感到遗憾;如果他把这样的遗憾压抑下去,那就说明,他即使在死神的怀抱里,也仍然是虚荣的。

当最终时刻到来时,所有在场的人都在哭,都在叫。天真汉已经失去了知觉。心灵坚强的人,也会多情善感,感情也比别人强烈得多。好心的高尔同对他很了解,所以担心他醒来之后自杀。人

们把一切武器都拿开;倒霉的年轻人发现了;他不哭,不叫,情绪也
并不激动地对家人和高尔同说:"你们以为天下有人有资格、有权
力阻止我在生命的路上走到尽头吗?"高尔同不想搬出陈词滥调,
说人在极度痛苦的时候,会想到利用自己的自由,来中止生存,房
子里边不能待了,也不愿意出去,认为人生在世,就像士兵在岗一
样,仿佛人只是由物质拼凑起来的物件,把某一堆物质放在这里还
是那里,对于上帝来说并不重要;这些无法说服人的理由,一个心
如死灰,想好了要了断自己的人是不会听的;加图(Caton)①的回
应也只是用匕首扎向自己而已。

　　天真汉的沉默显得沮丧而吓人,他的眼神阴沉沉的,嘴唇发
抖,浑身战栗,不管谁见了,无不感到既可怜又害怕,一筹莫展,话
也不知从何说起,只能支支吾吾。女主人和家里人也都来了;他的
绝望让人害怕,人们目不转睛地看着他,观察他的一举一动。美人
儿圣伊佛变冷了的尸体被抬到下面一间厅堂里;天真汉看不见她
了,但他的眼睛似乎还在寻找她,虽然他已经什么也看不见了。

　　尸体放在大门口,圣水缸旁边两个教士心不在焉地念着祈祷
辞,路过的人随随便便往棺材上洒几滴圣水,也有的人冷漠地过
去,像是什么也没有看见,亲属在哭,死者的心上人时刻有可能了
断自己的生命。就在这一片丧葬的情景当中,圣波安越与凡尔赛
的闺蜜来了。

　　他一时兴起的欲望只得到了一次满足,却变成了爱情。他的
施舍被拒绝,这更激起了他的性子。拉雪兹神父绝不会到这里来。

────────────

　　①　加图(英文为 Cato)是公元一世纪时的罗马将军,在西西里战败后被囚,因而
自杀。——译者

但是,圣波安越脑海里整天都是美人儿圣伊佛,他的欲望急不可耐地想得到满足,虽然享受了一次,但这一次更加挑起了他的激情,所以他才果断地来找她了;如果是她自己送上门,也许他想见她的次数不会超过三次。

他从轿车上下来,眼前首先看到的,是一具棺材;他是个沉迷于欢娱的人,见到棺材只是厌恶地转过头去,心想,有些事人们应当安排好,别让他看到这种人间疾苦的场面。他想上楼去。凡尔赛女人出于客气,问了一下是什么人的葬礼。有人说是圣伊佛小姐。听到这个名字,她的脸色变得苍白,发出一声惨叫①;圣波安越转回身来,心中感到惊讶和痛苦。好心的高尔同也在那里,眼里满是泪水。他停下伤心的祈祷,将发生的可怕的祸事一五一十讲给宫中来人听。说话时的冷静口吻表明,他是经历过痛苦,心怀美德的人。圣波安越天生并不是个坏人,公事与享乐像河中的激流一样冲走了他的灵魂,但他并没有意识到自己的迷失。他年纪还不大,一般到了老年的王公大臣,心肠才会变硬;他听着高尔同的讲述,低下了头,擦掉流下来的几滴眼泪,他也奇怪自己竟然哭了:他是感到悔恨了。

他说:“我一定要见见你说的这个不寻常的人。他和无辜的女子一样让我感动,是我害死了她。”高尔同陪着他来到一个房间里,院长、德·甘嘉篷小姐、圣伊佛神父,以及几个邻居都在里面,年轻

---

① 从 1767 年一直到科尔(Kehl)的版本,以及科尔的版本出版之后出现的几个版本当中,这里都是“poussa”。已故的德库瓦(Decroit)手写的勘误中提议改成“pousse”。——B(这里说的改变涉及法语的时态,都是“发出[喊叫声]”的意思,只不过“poussa”是简单过去时,“pousse”是现在时,语法上一般认为,用现在时表达过去发生的动作,对情景的描写显得更加生动,产生“如在眼前般的感觉”。——译者)

的天真汉昏了过去,他们刚刚救他清醒过来。

秘书对他说:"是我造成了你的不幸,我会用我的一生来弥补。"天真汉的第一个想法是杀了他,然后再自杀。站在他的位置上看,这是最恰当的办法。但是他没有武器,而且被严加看管。对人们的拒绝,以及随之而来的责备、蔑视、厌恶,圣波安越认为是罪有应得,所以并没有气恼。

时间缓和了一切。蒙斯·特·路伏最终使天真汉成了一个杰出的军官,他换个名字到了巴黎,并在军队里服役,所有诚实的人都称赞他的行为。他成了一个很好的军人,也是一个无畏的哲学家。

每次谈到过去的遭遇,他总是痛苦万分;但是讲讲过去的事,能够使他感到安慰。他到死都没有忘记多情的圣伊佛小姐。圣伊佛神父和小山修道院的院长都得到了一份很好的俸禄;好心的德·甘嘉篷看到侄儿在军队里荣登高位,觉得比让他当助祭高兴多了。凡尔赛的虔诚女人留下了那对钻石耳坠,而且还接受了一份更好的礼物。万事通神父得到了一盒巧克力,还有咖啡、冰糖、柠檬罐头,外带两本皮面精装书:《克卢瓦塞神父的思考》和《圣人之花》①。好心的高尔同与天真汉生活在一起,一直到去世,两人始终友情深厚。高尔同也得到了一份俸禄,而且把特殊恩宠以及诸如此类的东西,永远地忘在了脑后。他的座右铭是:"患难未必对人无益。"可是,天下很多诚实的人都认为,"患难对人绝无益处"!

----

① 《圣人之花》(*La Fleur des saints*)是耶稣会教士利巴登希拉(Ribadencira)写的;参见第二十九卷第 33 页;以及第十四卷《巴黎的俄罗斯人》中的一条注,以及《马赛人和狮子》中的一条注。——B

咏里斯本灾难[①]

——对格言"一切皆美好"的检视

〔法〕伏尔泰 著

蔡思雨 译

　　① 中译者注:本篇翻译参考了伏尔泰的法文原诗 *Poème sur le désastre de Lis-bonne ou Examen de Cet Axiome*:*Tout est Bien* 和大卫・沃顿(David Wotton)的英译文(David Wotton:*Candide and Related Texts*,Indianpolis:Hackett Publishing Com-pany,Inc.,2000.)大卫・沃顿在文中提到本诗序言是他自己翻译的,诗歌则是托拜厄斯・斯摩莱特(Tobias Smollett)和其他人翻译的。诗歌翻译可参见 Voltaire,*Works*,25 vols.,London:J. Newbery,1761—1765)。文中所标"1756 年原注"和"1771 年伏尔泰补注"分别是伏尔泰于 1756 年和 1771 年所作注释。"英译者注"是大卫・沃顿为本诗及其序言所作注释。

　　《咏里斯本灾难:对格言"一切皆美好"的检视》是伏尔泰在里斯本地震后发表的哲理诗。1755 年 11 月 1 日,葡萄牙大西洋沿岸南端圣维森特角西南偏西方向约 200 公里处海底,骤然爆发呈三次明显高峰、持续 10 分钟的里氏 8.9 级大地震。震感最为强烈的地区是里斯本;三次强震以及随之引发的火灾和海啸使里斯本遭受了巨大损失,引发全欧洲的关注。许多知名人士如伏尔泰、卢梭和康德等都为此灾难写过文章。本诗就是伏尔泰在 1755 年 11 月底得知里斯本地震消息之后创作的,大致于当年年底完成,次年 3 月在日内瓦发表。他写作本诗主要是为了反驳当时以莱布尼茨、蒲柏和沙夫茨伯里等人为代表的乐观主义哲学和宿命论观点。他在 1759 年创作的哲理小说《老实人》(*Candide*)也表达了类似的观点。

　　译者将本诗副标题"tout est bien"译为"一切皆美好"。伏尔泰所提到的这句格言出自蒲柏哲理长诗《论人》的最后一句"Whatever is, is right"。根据伏尔泰序言和诗歌的语境,译者认为本诗中的"tout est bien"意指物质上的好坏,不是道德上的善恶。

前　　言

　　若物质上的恶曾值得世人注目，那么，这个可怕事件的发生会促使我们思考自身脆弱的本质。此类事件比如，夺去已知世界四分之一人口的大瘟疫，1699 年发生在中国的致使 40 万人死去的地震，以及发生在利马、卡亚俄(Collao)以及之后的葡萄牙非斯王国(le royaume de Fez)的地震。格言"一切皆美好"似乎对这些灾难的目击者来说有些奇怪。上帝无疑安排好所有的事情，组织好所有的事情。然而，显然，长期以来，所有的事情都不是为了我们的福祉安排的。

　　著名的蒲柏发表了《论人》。他在诗中发展了莱布尼茨、沙夫茨伯里大人[①]和博林布鲁克大人的体系，一群来自基督教各个派别

　　[①]　1756 年原注：这也许是首次将蒲柏的体系等同于沙夫茨伯里的。这是一个无可争辩的事实。关于物质自然的讨论的一字一句都是从《道德家》这篇文章而来。其中第三节写道："要回答为什么大自然在犯错，为什么她从一个不会犯错的手中会变得如此无能和如此易犯错，这已说得很多了。然而我否认大自然犯错。世界的美丽建立在相反的事物之上，普遍的和谐是从那么多不相　致的原则中建立起来的。因此，人地的多种准则要求顺从，要求互相的妥协和牺牲。蔬菜的死亡维持了动物的生命，动物身体的分解使土壤更加肥沃，并再次培育了蔬菜。……中心力量会维持轨道持续运转并处于正确位置，它不能被控制去拯救一个易逝的生命，去挽救一个微不足道的动物。这些脆弱的生命虽然暂时保存下来，但是它的大部分很快会被分解。"

　　他说得很好。但这并不意味着著名的神学家克拉克在其论述上帝存在的文章中不能写道："人们发现自己现在处于这样一个情形之中，那就是世界事物的自然秩序显然完全倒置了。"(赫高切(Ricotier)译：《上帝的存在及其属性的论证》　　(接下页注释)

（接上页注释）　第 2 卷第 10 页，第 2 版。）这并不意味着人们不能说："我，作为一个会思考有感觉的生物，应该要对星球和我的主一样勇敢。它们肯定没有感觉。"这并不意味着这个世界不可能不同，因为我们被教导自然秩序已经有所反常，它将会被重建；这并不意味着人类智慧不能理解物质的恶和道德的恶；这并不意味着我们不能质疑"一切都是美好的"这个说法。我们要向沙夫茨伯里和蒲柏表示尊重，他们的体系起初被攻击为沾染了无神论的色彩，现今则经典化了。

蒲柏《论人》中对道德的所有讨论也可以在沙夫茨伯里的著作中看到。他在《人、风俗、意见与时代之特征》第二卷中的一章都在探索美德问题。正是在此处，作者说道，若正确理解，那么个人的利益是与公共利益相符合的。"公共利益和个人利益不仅是一致的，而且是不可分割的。"这就是他在整本书中证明的问题，也是蒲柏《论人》中对道德问题讨论的基础。这也是蒲柏会这样说的原因："理智和情感都为一个伟大的目的，真正的个人的爱等同于社会的爱。"

蒲柏比沙夫茨伯里发展出了一个更加完备的道德理论。这对于那些写作关于"里斯本地震"和"自然法则"（即伏尔泰——英译者注）诗歌的人来说很具有吸引力。这就是为什么他说道（在《咏自然法则》一诗中——英译者注）："然而蒲柏发展出了一套他们大致勾画的观点，在他的著作中人类学会认识自己。"

显然一些人正是在根据这些语句指责沙夫茨伯里是一个无神论者。若他们仔细阅读过他的著作，他们就不会这样做。沙夫茨伯里，这样一位英国贵族，同时也是一位在智慧的洛克教导之下的哲学家，因为这样的指责而蒙羞。

这就是阿尔都安神父*怎样试图指责帕斯卡*、马勒伯朗士*和阿诺德*秉持无神主义思想的；这就是神学家兰格*怎样因为沃尔夫*赞扬中国的道德哲学而批判他是无神论者的。当沃尔夫找寻耶稣会传教士在中国的证据时，这位神学家说道："难道他没有意识到耶稣会士是无神论者吗？"那些以人类理性能力为傲的人为那些害怕有关卢丹中魔事件*的人感到羞耻。有些人认为修士在处决于尔班·格朗迪耶神父时，在他脸上钉铁质十字架的行为是错误的，他们被那些修士称作无神论者。患有痉挛的詹森教派信徒*在书中说那些嘲笑他们患有痉挛的人是无神论者；而莫利纳*的追随者们已在百处场合将他们称作詹森主义无神论者。

当一位现今很有名的人（即伏尔泰自己——英译者注）30 多年前首次在法国写作关于预防接种天花的主题时，一位佚名作者写道："只有被英国胡言乱语引入歧途的无神论者才会认为，我们的国家应该为了未来并不确定的幸福而做一些现在会带来确定损害的事情。"

《教士新闻》*作者长期冷静地写作反对法律和理性的文章。他已在一系列文章中证明了孟德斯鸠先生是一个无神论者，并在另一系列文章中证明他是一个自然神论者。

德马雷*在他所生活的时代以他的诗歌《克洛维》和宗教狂热而出名。一天，他看到了大臣与国王长子之师拉莫特·勒瓦耶*经过卢浮宫的走廊。他说："那儿有个人不信教。"拉莫特·勒瓦耶转回面向他，并以高他一等的态度说道："我的朋友，我已有足够的宗教信念来保证你的宗教并不是我的。"　　　　　　（接下页注释）

的神学家攻击他的体系。他们反对他的新主张,即"一切皆美好"和"人类可以享受他自身能够拥有的所有幸福"等。总有一种合理的读书方法,那就是批判这本书;也总有另一种合理的读书方法,

---

(接上页注释)　一些人毫无根据地指责与他们观点不同的人是无神论主义者。这种可笑而令人憎恶的狂热通常促使整个欧洲的阅读公众群体对有宗教争议的书籍的颇为蔑视。

＊阿尔都安神父(Jean Hardouin,1646—1729 年),法国古典学者。

帕斯卡(Blaise Pascal,1623—1662 年),法国数学家、物理学家、哲学家和散文学家。

马勒伯朗士(Nicolas Malebrache,1638—1715 年),是法国唯心主义哲学家和神学家,17 世纪笛卡尔学派的代表人物。

阿诺德(Gottfried Arnold,1666—1714 年),德国激进的虔敬主义教徒和历史学家。

兰格(Johann Joachim Lange,1670—1744 年),德国新教神学家和哲学家。

沃尔夫(Chrstian Wolf,1679—1754 年),德国在莱布尼茨和康德之间的最著名哲学家。

卢丹中魔事件,是 17 世纪 30 年代发生在法国卢丹的奥名昭著的巫术事件。1630年,乌尔拉苏会(Ursuline)一座修道院的院长"天使雅娜"和她门下的修女出现了恶魔附体的状况,她们指控于尔班·格朗迪耶(Urbain Graindier)神父是巫师。嘉布遣会修士、圣方济各会修士和耶稣会修士为中魔的修女们进行公开的祛魔,约有 7000 人参加了祛魔仪式。1633 年,格朗迪耶神父被捕入狱,次年遭到审讯。1636 年,格朗迪耶神父被判有罪,被处以火刑。参见陆启宏:《巫术审判、着魔和近代早期西欧对身体的控制》,《华东师范大学学报》,2010 年 01 期。

詹森主义也作杨森主义,是罗马天主教在 17 世纪的运动。它是由康内留斯·奥图·杨森(Cornelius Otto Jansen,1585—1638 年)创立的。其理论强调原罪、人类的全然败坏、恩典的必要和宿命论。

莫利纳(Luis de Molina,1535—1600 年),文艺复兴时期欧洲西班牙帝国耶稣会会士。莫利纳主义因其而得名,其关涉神学内容。

《教士新闻或〈克雷芒通谕〉历史回忆录》(*Les Nouvelles ecclésiastiques ou mémoires pour server à l'histoire de la constitution Unigenitus*)是法国詹森主义信徒从1728 年到 1803 年发行的周刊。

德马雷(Jean Desmarets de Saint-Sorlin,1595—1676 年),法国路易十四时期著名的诗人和剧作家。

拉莫特·勒瓦耶(François de La Mothe Le Vayer,1583 或 1588—1672 年),法国怀疑论者,著有《论异教徒的道德》。——中译者注

那就是支持这本书。只注意到书中的有用的美妙之处比试图找到其中可以反驳的观点要更加合理。然而，人类本性的一个缺陷就是，我们对这样一本书中观点的解释是不利的，我们想要攻击任何已获得成功的事情。

因此，人们发现"一切皆美好"这样一个观点是在直接攻击许多公认的信念。"若一切皆美好，"他们说，"那么，罪恶已使人类本性堕落，这样的观点就是错误的。若事物的普遍规则要求每个事物都应是其本来的模样，那么人类本性就不会堕落；那么人类就不需要救世主。若现在这样的世界是所有可能世界中最美好的，那么人类就不能期待一个更美好的未来。若所有令人烦恼的苦难是普遍的幸的一部分，那么所有文明社会寻找物质和道德上的恶的做法就是错误的。若被凶残的野兽吃掉的人为那些野兽带来了福祉并推动了世界秩序的维护，若个体的悲惨是由那普遍而又必要的秩序造成的，那么我们只是推动更大机器运转的齿轮。我们在上帝眼中不比吃掉我们的动物珍贵。"

这些就是从蒲柏先生诗歌中得出的结论。这些观点使他的著作更加声名狼藉同时又更加畅销。然而，我们应该以一个不同的方式理解他。人们应该已经认识到这部绝佳著作的核心就在于它强调我们应该敬重上帝，我们应该服从他的最高指令，我们应该有高尚的道德和宽容的精神。这就是公众应该阅读这部著作的方式；这部已被才学人士翻译过来的作品战胜了批判它的观点。它的胜利越具有压倒性，它引起的敏感话题就越多。

猛烈攻击的特点就是它让人们相信它所攻击的观点。有人对这本书的成功提出批判。他们声称书中的观点会误导人们。但之后发生了什么？人们攻击这些批判，决定接受在批判者看来是错误的观点，并把它当作事实。批判者为了攻击人们提出了骇人的想法，而对这些攻击愤愤不平的读者则接受了这些想法。

批判者说："莱布尼茨和蒲柏教导宿命论"；而莱布尼茨和蒲柏的支持者则回道："若莱布尼茨和蒲柏教导宿命论，那么他们肯定是正确的。我们必须相信我们的命运是不可改变的。"

蒲柏说道："一切皆美好"，其含义是完全可以接受的；而他的支持者现在说这句话的含义则应被攻击。

《咏里斯本灾难》的作者并不是要攻击他所热爱和仰慕的著名的蒲柏先生。他几乎赞同蒲柏先生对每一个问题的观点；然而，他由于深刻意识到人类的苦难，而发声抨击对古老的格言"一切皆美好"的不恰当使用。他认同所有人都承认的可怕的甚至更加古老的事实——"地球上存在着无数的罪恶"，但认为"一切都是美好的"的说法非常绝对，只是在侮辱我们生活中的不幸。

当里斯本、梅克内斯、得土安和许多其他城镇在1755年11月被吞没时，悲惨的人们难以从废墟中逃生。若哲人们此时对他们喊道："一切都是美好的。死者的继承人会变得富裕；建筑工人们会通过重建房屋挣钱；动物们会享用埋在碎石之下的尸体。这是不可避免之因的必然之果；个体的不幸并不重要，因为促进了整体的幸。"此番演讲肯定同那摧毁一切事物的地震一样残忍。这就是《咏里斯本灾难》的作者所讲的。

他同所有人一样，认为世界上有恶亦有善；他认为没有哲学家无法解释道德和物质的恶德起源；著作等身的最伟大的辩证法家培尔（Bayle）只是教导我们怎样怀疑，他攻击他所维护的观点。他认为，我们认知上的不足同我们生活中的惨事同样多。他只用寥寥数语就解释了所有体系。他说，只有神启才能解开那缠在一起的结，而所有哲学家只会越解越乱。他说，我们寄希望于能在新秩序中生活、发展，由此，我们现今所受的苦难得以安抚。当人类蹒跚地走过他们所推理的黑暗时，当人类陷入由我们脆弱且必死的本质带来的灾难时，神启是他们可以寻求的唯一庇护所。

　　附：不幸的是，总是有必要警告读者必须区分作者自己所反对的观点和作者对那些抨击的回复，否则读者们会将作者所反对的观点当作他所认同的。

咏里斯本灾难

——对格言"一切皆美好"的检视

Ô malheureux mortels! ô terre déplorable!

1 呜呼！不幸的凡人！呜呼！悲惨的大地！

Ôde tous les mortels assemblage effroyable!

2 呜呼！所有凡人可怕的汇集！

D'inutiles douleurs éternel entretien!

3 沉湎于痛苦无济于事！

Philosophes trompés qui criez:《Tout est bien》

4 受骗的哲人们呼喊着："一切皆美好"，

Accourez, contemplez ces ruines affreuses,

5 你们快来，来看看这些骇人的废墟，

Ces débris, ces lambeaux, ces cendres malheureuses,

6 这些碎片，这些残骸，这些不幸的灰烬，

Ces femmes, ces enfants l'un sur l'autre entassés,

7 这些女人，这些孩子，堆压在一起，

Sous ces marbres rompus ces membres dispersés;

8 在碎裂的大理石下这些四散的残肢；

Cent mille infortunés que la terre dévore,

9 大地吞噬了十万不幸的人儿，

Qui, sanglants, déchirés, et palpitants encore,

10 那是谁呀，鲜血淋淋，躯干破裂，气息尚存，

Enterrés sous leurs toits, terminent sans secours,

11 他们被压在坍塌的房屋之下，孤苦无助，行将死去，

Dans l'horreur des tourments, leurs lamentables jours.

12 在剧痛的恐惧中，结束他们悲惨的日子。

Aux cris demi-formés de leurs voix expirantes,

13 在听到那奄奄一息的呼声之后，

Au spectacle effrayant de leurs cendres fumantes,

14 在看到那冒着青烟的可怕景象之后，

Direz-vous: «C'est l'effet des éternelles lois,

15 你们还能说："这一切都是永恒法则作用的结果，

Qui d'un Dieu libre et bon nécessitent le choix»?

16 是自由而善良的上帝的选择吗"？

Direz-vous, en voyant cet amas de victimes,

17 在看到不计其数的遇难者之后，你们还能说，

«Dieu s'est vengé, leur mort est le prix de leurs crimes»?

18 "这是上帝施报，他们的死是为自身的罪付出的代价"吗？

Sur le sein maternel écrasés et sanglants?

19 在母亲怀中逝去、满身是血的孩子们啊

Quel crime, quelle faute ont commis ces enfants

20 他们犯了什么罪，作了什么恶？

Lisbonne, qui n'est plus, eut-elle plus de vices

21 比起伦敦，比起巴黎，不复存在的里斯本

Que Londres, que Paris, plongés dans les délices?

22 难道有更多的恶，更耽于淫乐吗？

Lisbonne est abîmée, et l'on danse à Paris.

23 里斯本毁灭了,巴黎却依旧歌舞升平。

Tranquilles spectateurs, intrépides esprits,

24 你们这些平静的旁观者,不知畏惧的聪明人,

De vos frères mourants contemplant les naufrages,

25 目睹着自己兄弟死去,

Vous recherchez en paix les causes des orages;

26 你们冷静地求索灾难发生的原因;

Mais du sort ennemi quand vous sentez les coups,

27 但当你们也感受到来自敌对命运的重击时,

Devenus plus humains, vous pleurez comme nous.

28 你们也会更具有人性,也会像我们一样哭泣。

Croyez-moi, quand la terre entr'ouvre ses abîmes,

29 相信我,当大地裂开深渊,

Ma plainte est innocente et mes cris légitimes.

30 我的呻吟无可指摘,我的叫喊合情合理。

Partout environnés des cruautés du sort,

31 我们周围环伺着,残酷的命运,

Des fureurs des méchants, des pièges de la mort,

32 邪恶的狂暴、死亡的陷阱,

De tous les éléments éprouvant les atteintes,

33 向我们袭来的各种伤害,

Compagnons de nos maux, permettez-nous les plaintes.

34 看到我们的苦痛的人啊,请允许我们发出呻吟。

C'est l'orgueil, dites-vous, l'orgueil séditieux,

35 "这是傲慢",你们说,"反叛性的傲慢",

Qui prétend qu'étant mal, nous pouvions être mieux.

36"谁说不好，我们可能会更好。"

Allez interroger les rivages du Tage,

37 你们去看看塔霍河①畔吧，

Fouillez dans les débris de ce sanglant ravage,

38 去那灾害过后的血迹斑斑的废墟中挖掘；

Demandez aux mourants, dans ce séjour d'effroi,

39 问问那些恐惧之中的垂死之人，

Si c'est l'orgueil qui crie «Ô ciel, secourez-moi,

40 这究竟是不是傲慢促使他们呼喊："哦，上天，救救我吧，

Ô ciel, ayez pitié de l'humaine misère.»

41 哦，上天，可怜可怜人类的不幸吧。"

«Tout est bien, dites-vous, et tout est nécessaire.»

42"一切皆美好"，你们说，"一切皆必然。"

Quoi? l'univers entier, sans ce gouffre infernal,

43 什么？若没有这地狱般的灾难，

Sans engloutir Lisbonne, eût-il été plus mal?

44 若里斯本并未坍塌，这个宇宙会更糟吗？

Etes-vous assurés que la cause éternelle,

45 你们真的确信，那永恒之因，

Qui fait tout, qui sait tout, qui créa tout pour elle,

46 那位无所不能、无所不知的造物者，

Ne pouvait nous jeter dans ces tristes climats,

47 不会让我们陷入这样悲惨的境地，

---

①　中译者注：塔霍河是流经里斯本的河流。

Sans former des volcans allumés sous nos pas?

48 不会在我们的脚下形成燃烧的火山？

Borneriez-vous ainsi la suprême puissance?

49 难道你们要为最高权力设限吗？

Lui défendriez-vous d'exercer sa clémence?

50 难道你们要阻挠祂施舍怜悯吗？

L'éternel artisan n'a-t-il pas dans ses mains

51 永恒的工匠手中难道没有准备

Des moyens infinis tout prêts pour ses desseins?

52 无数的手段来实现他诸多的计划吗？

Je désire humblement, sans offenser mon maître,

53 我并不想冒犯我主，但仍谦卑地希望，

Que ce gouffre enflammé de soufre et de salpêtre

54 这个燃烧着硫黄和硝石的灾难

Eût allumé ses feux dans le fond des déserts.

55 能够发生在沙漠深处。

Je respecte mon Dieu, mais j'aime l'univers :

56 吾敬上帝，但吾亦爱宇宙：

Quand l'homme ose gémir d'un fléau si terrible,

57 当人胆敢在面对可怖于斯的灾难呻吟悲叹时，

Il n'est point orgueilleux, hélas! Il est sensible.

58 他没有带着丝毫的傲慢啊！他只是有痛感罢了。

Les tristes habitants de ces bords désolés,

59 河岸废墟里的悲惨居民，在无限的痛苦中，

Dans l'horreur des tourments seraient-ils consolés,

60 听到有人对他们说这些话，会得到安慰吗？

Si quelqu'un leur disait：«Tombez，mourez tranquilles,

61 "躺下安宁地死去吧，

Pour le bonheur du monde on détruit vos asiles；

62 你的家园被毁，为的是世界的幸福；

D'autres mains vont bâtir vos palais embrasés；

63 他人会重建你们烧成灰烬的宫殿；

D'autres peuples naîtront dans vos murs écrasés；

64 他人会在你们被摧毁的城中诞生；

Le Nord va s'enrichir de vos pertes fatales,

65 北方会因你们的命定的不幸而繁荣，

Tous vos maux sont un bien dans les lois générales；

66 根据普遍法则，你们的坏事都是好事；

Dieu vous voit du même œil que les vils vermisseaux,

67 上帝注视你们的目光，就如同看着坟墓中的，

Dont vous serez la proie au fond de vos tombeaux？»

68 蚕食你们身体的卑贱蛆虫。"

A des infortunés quel horrible langage！

69 对这些不幸的人而言，这是多么可怕的言辞！

Cruels，à mes douleurs n'ajoutez point l'outrage.

70 多么残忍，不要在我们的痛苦上增添侮辱了！

Non，ne présentez plus à mon cœur agité

71 不，不要再向我不安的心灵诉说

Ces immuables lois de la nécessité,

72 这不变的必然性法则，

Cette chaîne des corps, des esprits, et des mondes.

73 这肉体、灵魂和世界之链。①

---

①　1756 年原注：伟大的存在之链并不如蒲柏所说是一条将所有存在之物连在一起的不会断裂的链条。人类和动物，以及与比其高等的生物之间的距离，也许都很遥远。上帝与所有生物之间有着天差地别。在围绕着太阳转的行星之中，在它们之间，在它们的卫星之中，皆充此冷漠的存在之链。

蒲柏曾说，人类不知为什么木星的卫星会比木星小。他弄错了这个问题，而这可被原谅。这个错误的出现并不能减损他的才华。任何一位数学家都可以向博林布鲁克子爵和蒲柏解释，若木星比其卫星小，那么它们就不能绕着木星转了。然而，没有一位数学家可以在太阳系之中发现这不会断裂的链条。

若有人拿走了世界中的一粒原子，那么世界就不复存在。这个说法是错误的。这也是著名的几何学家克劳萨斯先生在其书中所尖锐地批判蒲柏先生的一点。尽管他在其他问题上总是被沃特顿和西卢埃特先生无情地反驳，但他在这个问题上看似是正确的。

一位伟大的哲学家莱布尼茨已经接受了关于这条事件之链的说法，并巧妙地为其辩护。这应该被说清楚。每个物体、每个事件都依赖于其他物体和其他事件。这是正确的。然而，每个物体对于宇宙的存在来说并不是必要的。每个事件对于一系列事件来说也不是必要的。一滴水和一粒沙的多与少不会改变整体构造。自然并不依赖于每个特定的量和每个特定的形式。没有行星会在一条完全规则的轨道上运转。没有一个已知的物体具有可以被数学精确描述的形状。没有一项操作要求一个特定的精确的量。自然从不这样严格地运作。这样说来就根本没有理由声称若地球上少了一粒原子，那么整个地球都会毁灭。

事件也同样如此。每个事件的发生都有原因。没有哲学家质疑过这些事情。若恺撒的母亲没有生育恺撒，那么恺撒不会毁掉罗马共和，他也不会收养屋大维。提比略不会继承屋大维留下的帝国。若马克斯米利安一世迎娶了勃艮第和低地国家的女继承人，这桩婚姻挑起了持续两个世纪的战争。然而，若恺撒向左或向右吐口水，若勃艮第女继承人的头发样式有所改变，这些肯定不会对整体事件造成任何影响。

因此，有些事件会造成影响，也有些事件不会。事件的链条就像家族树，有些枝条在一代以后就消失了，而另一些则会延续家族的血脉。许多事件都没有影响。同样，在机器中，有些效应对其整体运行是必要的，而有些效应并不重要。它们是机器运行的结果，本身不会产生影响。四轮马车若要行驶，其轮子是不可或缺的。然而，它所扬起的尘土的多少对完成整个旅程是没有影响的。世界的整体构造也是如此：无论链条中多出或缺少一物，多一点或少一点不规则，它都不会断裂的。　　　　　（接下页注释）

Ô rêves des savants！ô chimères profondes！

74 呜呼！智者的梦啊！呜呼！极度的空想啊！

Dieu tient en main la chaîne，et n'est point enchaîné；

75 上帝手握此链，但自己没有被束缚；

Par son choix bienfaisant tout est déterminé：

76 在他做出的善意选择之下，一切皆注定：

Il est libre，il est juste，il n'est point implacable.

77 他是自由的，公正的，没有冷酷无情。

Pourquoi donc souffrons-nous sous un maître équitable?

78 在这公平的主统治之下，那为何我们还要遭受苦难？[①]

Voilà le nœud fatal qu'il fallait délier.

79 这就是需要解开的命定的结。

Guérirez-vous nos maux en osant les nier?

80 你们能够通过否认我们的病痛而将我们治愈吗？

Tous les peuples，tremblant sous une main divine，

81 所有的人，在上帝之手下颤抖，

（接上页注释） 链条并不在一个完全充满物质的空间之中。人们已经证明，天体是在一个没有支撑的空间之中运转的。所有的空间都并不完满，因此，其中并没有从此处的原子到极远处的星星的一连串不会断裂的事物。因此在有知觉的生物中存在着无限的空间，这也同样存在于无知觉的物体之中。因此，人们不能断然下结论说人类必然存在于一条通过一系列不会断裂的环节而连接所有事物的因果之链中。"这链条连接着每件事情。"只是意味着每个事物形成了一个模式的一部分。上帝是这个模式的创造者和主宰。荷马笔下的朱庇特是命运的奴隶。然而，在更智慧的哲学中，上帝是命运的主宰。参见克拉克《上帝的存在及其属性的论证》。

① 1756 年原注："在公正的上帝之下，没有人会遭受苦难除非他应受惩罚。"——圣奥古斯丁

Du mal que vous niez ont cherché l'origine.

82 都去找寻了你们否认的罪恶之源。

Si l'éternelle loi qui meut les éléments,

83 若那驱动自然的永恒法则，

Fait tomber les rochers sous les efforts des vents;

84 让风吹落岩石；

Si les chênes touffus par la foudre s'embrasent,

85 若繁茂的橡树被雷电击中燃烧，

Ils ne ressentent point des coups qui les écrasent.

86 它们丝毫不会感觉到这毁灭性的痛击。

Mais je vis, mais je sens, mais mon cœur opprimé

87 但我是活着的，我有感觉，我受到压抑的心灵，

Demande des secours au Dieu qui l'a formé.

88 向创造这一切的上帝求救。

Enfants du Tout-Puissant, mais nés dans la misère,

89 全能神的子民们，却生在苦难之中，

Nous étendons les mains vers notre commun père.

90 我们向我们共同的父亲伸出双手。

Le vase, on le sait bien, ne dit point au potier,

91 我们知道，陶罐不会向陶工说，

«Pourquoi suis-je si vil, si faible et si grossier?»

92 "我为何会如此这般卑贱，这般脆弱，这般粗糙？"

Il n'a point la parole, il n'a point la pensée;

93 它不会言语，也不会思考；

Cette urne en se formant qui tombe fracassée,

94 这只已出炉的陶罐摔碎了，

De la main du potier ne reçut point un cœur,

95 陶工制作它的时候，没有赋予他一颗

Qui désirât les biens et sentît son malheur.

96 能够向往美好、能够感受不幸的心灵。

«Ce malheur, dites-vous, est le bien d'un autre être.»

97 "这不幸"，你们说，"是他人的幸。"

De mon corps tout sanglant mille insectes vont naître :

98 我那血淋淋的躯体上将生出上千只蛆虫：

Quand la mort met le comble aux maux que j'ai soufferts,

99 当死亡终结了我遭受的苦楚，

Le beau soulagement d'être mangé des vers !

100 成为蛆虫的美餐多么令人宽慰！

Tristes calculateurs des misères humaines,

101 你们这些计算着人类悲惨的可悲的人啊，

Ne me consolez point, vous aigrissez mes peines :

102 不要安慰我，你们只会加剧我的痛苦：

Et je ne vois en vous que l'effort impuissant

103 我只看到了你们徒劳的努力，

D'un fier infortuné qui feint d'être content.

104 你们这些自负且不幸之人，试图用快乐掩盖恐惧。

*Je ne suis du grand **tout** qu'une faible partie：*

105 我只是伟大整体中的一粒草芥：

Oui；mais les animaux condamnés à la vie，

106 是的，但凡是动物注定有一次生命，

Tous les êtres sentants，nés sous la même loi，

107 有知觉的生灵，生于同一个法则，

Vivent dans la douleur，et meurent comme moi.

108 都与我一样，活于苦难，之后死去。

Le vautour acharné sur sa timide proie，

109 秃鹫紧紧抓住胆小的猎物，

De ses membres sanglants se repaît avec joie；

110 撕裂血肉，大快朵颐：

Tout semble bien pour lui，mais bientôt à son tour

111 对它而言，一切似乎皆美好，但很快

Un aigle au bec tranchant dévore le vautour.

112 苍鹰的利喙吞噬了秃鹫。

L'homme d'un plomb mortel atteint cette aigle altière；

113 人用致命的铅弹击中高傲的苍鹰；

Et l'homme aux champs de Mars couché sur la poussière，

114 而人却倒在战场的尘埃中，

Sanglant，percé de coups，sur un tas de mourants，

115 鲜血淋淋，残尸败蜕，尸横遍野，

Sert d'aliment affreux aux oiseaux dévorants.

116 成为饥饿猛禽的可怕食物。

Ainsi du monde entier tous les membres gémissent;

117 世界的所有成员都呻吟着;

Nés tous pour les tourments, l'un par l'autre ils périssent:

118 都生于痛苦,都一个接一个死去:

Et vous composerez dans ce chaos fatal,

119 而你们在这命定的混乱之中写道,

Des malheurs de chaque être un bonheur général?

120 每个个体的不幸是整体的幸?

Quel bonheur! ô mortel et faible et misérable!

121 多么幸运! 呜呼,这软弱悲惨的凡人!

Vous criez: «Tout est bien» d'une voix lamentable.

122 你们凄声呼喊:"一切皆美好。"

L'univers vous dément, et votre propre cœur

123 宇宙否定了你们的话,但你们自己的心

Cent fois de votre esprit a réfuté l'erreur.

124 却一百次拒绝承认自己头脑的谬误。

Eléments, animaux, humains, tout est en guerre.

125 自然、动物和人类,皆在交战。

Il le faut avouer, le mal est sur la terre:

126 应该承认,邪恶横行于大地之上:

Son principe secret ne nous est point connu.

127 它那秘密的原理我们毫不知晓。

De l'auteur de tout bien le mal est-il venu?

128 恶是否来自那所有良善的创造者呢?

Est-ce le noir Typhon, le barbare Arimane,

129　还是来自那黑暗的泰风①，那野蛮的阿里曼②，

Dont la loi tyrannique à souffrir nous condamne?

130　他们的暴政法则使我们遭受苦难？

Mon esprit n'admet point ces monstres odieux,

131　我的心灵绝不接受这些可憎的怪物，

Dont le monde en tremblant fit autrefois des dieux.

132　战栗的世界过去创造出的诸神。

Mais comment concevoir un Dieu, la bonté même,

133　然而怎能想象一个上帝，那至善自身，

Qui prodigua ses biens à ses enfants qu'il aime,

134　他毫不吝啬向所爱的子民施予良善，

Et qui versa sur eux les maux à pleines mains?

135　然而也用宽大的手向他们散播邪恶？

Quel œil peut pénétrer dans ses profonds desseins?

136　什么样的眼可以看透他意图的深处？

De l'Etre tout parfait le mal ne pouvait naître;

137　从至善的存在中不应生出恶；

---

①　1756 年原注：埃及人的恶的准则。

中译者注：泰风，即埃及神话中的恶与死亡之魔鬼——赛特（Set, or Seth），希腊人将其称为泰风。

②　1756 年原注：波斯人的恶的准则。

中译者注：阿里曼（Ahriman）是琐罗亚斯德教中善神阿胡拉·马兹达的宿敌，一切罪恶和黑暗之源。

Il ne vient point d'autrui, puisque Dieu seul est maître.

138 恶也不会出自别人①,因为上帝是唯一的主。

Il existe pourtant. O tristes vérités!

139 但恶无处不在,啊,多么可悲的真相!

O mélange étonnant de contrariétés!

140 啊! 多么令人震惊的矛盾!

Un Dieu vint consoler notre race affligée;

141 上帝来安慰我们这个受苦的族群;

Il visita la terre et ne l'a point changée;

142 他巡视了大地,但一无所变;②

Un sophiste arrogant nous dit qu'il ne l'a pu;

143 傲慢的诡辩家对我们说,这是因为上帝不能做什么;

«Il le pouvait, dit l'autre, et ne l'a point voulu:

144 "他能做,另一个人说,但他并不想做:

Il le voudra, sans doute;»; et tandis qu'on raisonne,

145 时机到了,他自会做。"他们推理之时,

Des foudres souterrains engloutissent Lisbonne,

146 地下的雷霆吞没了里斯本,

Et de trente cités dispersent les débris,

147 三十个城镇顿成一片瓦砾,

---

① 1756 年原注:这是在说不会出自别的准则。

② 1756 年原注:一位英国哲学家声称正如道德世界,物质世界会在上帝道成肉身时改变。

Des bords sanglants du Tage à la mer de Cadix.

148 从塔霍河畔到加迪斯湾血流漂杵。

Ou l'homme est né coupable，et Dieu punit sa race，

149 要么，人类生来有罪，上帝惩罚这个族群，

Ou ce maître absolu de l'être et de l'espace，

150 要么，这存在和宇宙的绝对主人，

Sans courroux，sans pitié，tranquille，indifférent，

151 没有愤怒，没有怜悯，平静而冷漠，

De ses premiers décrets suit l'éternel torrent；

152 出于他最初的旨意这洪流亘古如常；

Ou la matière informe，à son maître rebelle，

153 要么，这未成形的物质，反叛它们的主，

*Porte en soi des défauts **nécessaires** comme elle；*

154 本身就具有注定的缺陷；

Ou bien Dieu nous éprouve，et ce séjour mortel

155 要么，这是上帝对我们的考验，这必死的短暂人生①

N'est qu'un passage étroit vers un monde éternel.

156 只是通往永恒世界的狭窄通道。

Nous essuyons ici des douleurs passagères.

157 我们在这儿暂时受苦。

Le trépas est un bien qui finit nos misères.

158 死亡是美好的，可以终结我们的惨痛。

---

　　① 1756 年原注：看看呈现在人们面前的所有解决这个巨大困难的方法，以及出自两个准则的观点。仅仅神的启示就可以教导我们人类精神所不能理解的事情。

Mais quand nous sortirons de ce passage affreux,

159 但当我们走出这可怕的通道，

Qui de nous prétendra mériter d'être heureux?

160 我们中谁可以声称他应得幸福？

Quelque parti qu'on prenne, on doit frémir, sans doute：

161 无论持何种观点，我们都应会颤抖：

Il n'est rien qu'on connaisse, et rien qu'on ne redoute.

162 我们一无所知，也一无所惧。

La nature est muette, on l'interroge en vain.

163 自然无语，拷问它亦是徒劳。

On a besoin d'un Dieu qui parle au genre humain.

164 我们需要一个对人类讲话的上帝。

Il n'appartient qu'à lui d'expliquer son ouvrage,

165 只有他能够亲自解释他的作品，

De consoler le faible, et d'éclairer le sage.

166 抚慰弱者，启示贤人。

L'homme, au doute, à l'erreur, abandonné sans lui,

167 没有他，人就会疑虑、犯错，

Cherche en vain des roseaux qui lui servent d'appui.

168 徒劳地找寻可以依靠的芦苇。

Leibnitz ne m'apprend point par quels nœuds invisibles

169 莱布尼茨用那些看不见的结点也不能教会我，

Dans le mieux ordonné des univers possibles,

170 在那个可能的最有秩序的宇宙中，

Un désordre éternel, un chaos de malheurs,

171 永恒的骚动，不幸的混乱，

Mêle à nos vains plaisirs de réelles douleurs；

172 把我们虚妄的欢乐与真实的痛苦混合起来；

Ni pourquoi l'innocent, ainsi que le coupable,

173 为什么无辜的人，罪恶的人，

Subit également ce mal inévitable；

174 要一样遭受这必然的不幸

Je ne conçois pas plus comment tout serait bien：

175 我根本无法想象一切皆好：

Je suis comme un docteur, hélas！Je ne sais rien.

176 我也算是一个博学的人。哎！我却一无所知。

Platon dit qu'autrefois l'homme avait eu des ailes,

177 柏拉图尝曰人曾有翅膀，

Un corps impénétrable aux atteintes mortelles；

178 各种致死的疾病都不会侵入人体

La douleur, le trépas, n'approchaient point de lui.

179 痛苦和死亡，完全不会接近他。

De cet état brillant qu'il diffère aujourd'hui！

180 这美好的情形现在则迥然不同了！

Il rampe, il souffre, il meurt；tout ce qui naît expire；

181 人匍匐、受苦、死亡；所有诞生的都要死去；

De la destruction la nature est l'empire.

182 自然就是毁灭帝国。

Un faible composé de nerfs et d'ossements

183 这个由神经和骨骼组成的脆弱混合物

Ne peut être insensible au choc des éléments;

184 在各种因素的打击下不可能毫无感觉；

Ce mélange de sang, de liqueurs, et de poudre,

185 这个血、液体和粉末的混合体，

Puisqu'il fut assemblé, fut fait pour se dissoudre.

186 被聚在一起，就是为了毁灭。

Et le sentiment prompt de ces nerfs délicats

187 这些敏感神经的转瞬即逝的感觉

Fut soumis aux douleurs, ministres du trépas.

188 屈服于痛苦，死亡的使者。

C'est là ce que m'apprend la voix de la nature.

189 这就是自然之声教给我的。

J'abandonne Platon, je rejette Epicure.

190 我抛弃了柏拉图，我拒绝了伊壁鸠鲁。

Bayle en sait plus qu'eux tous; je vais le consulter：

191 培尔更加了解我们，我要向他请教：

La balance à la main, Bayle enseigne à douter.

192 他手握天平，教导我们要怀疑。①

––––––––––––––

　　① 1756 年原注：散落在培尔《历史批判辞典》中的一百个评论使他获得了不朽的名声。他所遗留下的关于恶的起源的讨论没有明确的结果。在他的作品中，他展现了关于一件事情的所有不同观点。他认真探索了支撑和削弱一个观点的所有论点。他就像一个律师，随时准备为任何一个成为他客户的哲学家辩护，但他从不告诉我们他自己的观点。他在这方面与西塞罗相似，经常在他的哲学著作中　　（接下页注释）

Assez sage, assez grand pour être sans système,

193 如此智慧，如此博大，不需要体系，

Il les a tous détruits, et se combat lui-même :

194 他毁灭这一切，亲自战斗：

（接上页注释）　扮演不下结论的怀疑主义者角色。智慧且明智的修道院长多利维* 已指出这一点。

　　我认为我应该在此处尝试平息一些人的怒火，他们已猛烈攻击培尔一段时间但收效甚微。我不应说"收效甚微"，但他们所产生的唯一影响是促使人们更加渴望阅读培尔的书籍。他们应该向培尔学习怎样辩论和怎样保持冷静。此外，培尔作为一名哲学家，从未否认神意的存在和灵魂不朽。人们翻译西塞罗的著作，评论他的观点，并利用其来教育王子；但是人们在西塞罗几乎每一页著作中，在他的那么多令人敬仰的观点中发现了什么？人们在其中发现了："若神意存在，她把理性赋予那些她知道会恶意使用它的人，那么她是该受责备的。"（出自《论神性》，第 3 卷第 31 节）

　　"没有人会把自己的美德看作神的恩赐，他们是正确的。"（同上，第 36 节）

　　"若罪犯因为死亡而逃避了对他所犯罪行的惩罚，你说他的子孙后代都将为他代过。一个城邦会容忍这样一个立法者的存在，他让孙子为祖父犯下的罪行负责？"（同上，第 38 节）

　　更加奇怪的是，西塞罗写完《论神性》都没有反驳上述观点。他在《图斯库兰讨论集》中上百次提到在声称灵魂不死之后，灵魂实际会死亡。

　　此外，他在向整个古罗马元老院演讲时为奥鲁斯·科伦提乌斯·哈比图斯辩护，"死亡会带给他什么伤害？我们拒绝所有关于地狱的荒谬的故事。死亡除了带走他关于痛苦的体验，还能带走什么？"（同上，第 61 节）

　　他最终在他表达心中想法的信件中难道没有说："当我死去后，我的所有感觉都会随我而去。"（出自《彼特拉克通信集》第六卷第 3 封信）

　　培尔从未说过类似的话。然而，我们让年轻人读西塞罗的书，每个人却在攻击培尔。为什么？因为人们反复无常，因为人们不公正。（伏尔泰在获知有人在《剖析培尔》中谴责他时，想更改这条注释；他担心这句话"因为人们不公正"会引起人们的反感。但是修正注释十分艰难。这条注释以其最初面目出版了。——英译者注）

　　* 多利维（1682—1768 年，全名 Pierre-Joseph Thoulier d'Olivet，也作 Abbot of Olivet）是法国的一位修道院长、作家、文法家和翻译家。他曾被选为法兰西学术院 31 座席第四任。——中译者注

Semblable à cet aveugle en butte aux Philistins,

195 多么像攻击非利士人的失明参孙①，

Qui tomba sous les murs abattus par ses mains.

196 他倒在了自己双手推倒的墙下。

Que peut donc de l'esprit la plus vaste étendue?

197 那么，他这样的最广阔的心灵能做什么？

Rien; le livre du sort se ferme à notre vue.

198 什么都无法做；我们无法看到命运之书。

L'homme, étranger à soi, de l'homme est ignoré.

199 人，自身的异客，被自己无视。

Que suis-je, où suis-je, où vais-je, et d'où suis-je tiré?

200 我是谁？从哪里来，到哪里去，逃向何方？②

---

① 中译者注：参孙是《圣经》士师记中的犹太人士师，玛挪亚的儿子。他被上帝赐予极大的力气，只身与以色列外敌非利士人对抗。非利士人让参孙的女人达利拉（也是非利士人）套出参孙神力的秘密后，挖其双眼将其囚于监狱中。参孙后来向上帝悔改，上帝再次赐予其力量。参孙抱住神庙支柱致使柱子及房子倒塌，最终与庙中的敌人同归于尽。

② 1756 年原注：人类显然靠自己不能找到这些问题的答案。人类智慧除了可以形成经验的基础不能形成任何观点。没有任何经验可以教导我们在我们诞生之前发生了什么，或是在我们死后将会发生什么。经验也不能教导我们是什么给了我们生命让我们可以这样生存。我们是怎样被赋予生命的？它是靠什么机制运作的？我们的大脑是怎样形成观点和记忆的？我们的四肢是怎样即刻就能遵从我们的想法的？等等。我们一无所知。这是唯一可供人生存的世界吗？它是在其他世界之后被创造的吗？或是与其他世界同时创造的？是否每种植物都是从整个物种的唯一祖先而来的？是否每种动物都是从整个物种的两个祖先而来的？对于这些问题，最伟大的哲学家不比最无知和未受教育的人知道的多。我们必须回到那条流行的谚语："是先有鸡还是先有蛋？"这条谚语并不复杂，但是它难倒了最聪明的人。除了借助超自然的力量，这人对世界的起源一无所知。

Atomes tourmentés sur cet amas de boue,

201 我们是在烂泥堆之上沉沦的原子，

Que la mort engloutit et dont le sort se joue

202 被死亡吞噬，遭命运嘲笑，

Mais atomes pensants, atomes dont les yeux,

203 但原子会思考，它的双眼，

Guidés par la pensée, ont mesuré les cieux;

204 在思想的指引下丈量天空；

Au sein de l'infini nous élançons notre être,

205 我们冲向无尽之中，

Sans pouvoir un moment nous voir et nous connaître.

206 即便我们看不到自己，也不了解自己。

Ce monde, ce théâtre et d'orgueil et d'erreur,

207 这世界，这骄傲和谬误的舞台，

Est plein d'infortunés qui parlent de bonheur.

208 充满了叨唠着好运的不幸之人。

Tout se plaint, tout gémit en cherchant le bien-être;

209 在找寻安乐之时，皆在抱怨，皆在呻吟；

Nul ne voudrait mourir, nul ne voudrait renaître.

210 无人向往死亡，也无人欲求重生①。

Quelquefois, dans nos jours consacrés aux douleurs,

211 有时，在我们痛苦的日子里，

---

① 1756 年原注：很难找到一个人愿意不断重过同样的人生，再次经历每件已体验过的事情。

Par la main du plaisir nous essuyons nos pleurs.

212 用快乐的双手我们擦去眼泪。

Mais le plaisir s'envole, et passe comme une ombre.

213 然而快乐突然消逝，如影子般离去。

Nos chagrins, nos regrets, nos pertes, sont sans nombre.

214 我们的悲伤，我们的懊悔，我们的不幸，无以计数。

Le passé n'est pour nous qu'un triste souvenir;

215 过去于我们只是悲惨的记忆；

Le présent est affreux, s'il n'est point d'avenir,

216 若无未来，现在即是可怖，

Si la nuit du tombeau détruit l'être qui pense.

217 坟墓般的暗夜毁灭了思考的生命。

Un jour tout sera bien, *voilà notre espérance;*

218 总有一天，一切都会美好。这是我们的期望；

Tout est bien aujourd'hui, *voilà l'illusion.*

219 今天一切皆美好。这是我们的幻想。

Les sages me trompaient, et Dieu seul a raison.

220 智者欺骗了我，唯有上帝正确。

Humble dans mes soupirs, soumis dans ma souffrance,

221 在我的叹息中谦卑，在我的受苦中屈从，

Je ne m'élève point contre la Providence.

222 我没有挺身对抗神意。

Sur un ton moins lugubre on me vit autrefois,

223 我曾用不那么悲伤的语调，

Chanter des doux plaisirs les séduisantes lois.

224 歌唱愉快、诱人的法则①。

D'autres temps, d'autres mœurs : instruit par la vieillesse,

225 然而，时过境迁，年龄告诉我，

Des humains égarés partageant la faiblesse,

226 我也拥有误入歧途之人的脆弱，

Dans une épaisse nuit cherchant à m'éclairer,

227 在暗夜中试图找到启示，

Je ne sais que souffrir, et non pas murmurer.

228 我只知受苦，而不抱怨。

Un calife autrefois, à son heure dernière,

229 曾经有一位哈里发，在他弥留之际，

Au Dieu qu'il adorait dit pour toute prière :

230 对他所崇爱的上帝祷告：

«Je t'apporte, ô seul roi, seul être illimité,

231 "哦！独一的王！遍在的王！我给你带来了，

Tout ce que tu n'as pas dans ton immensité ;

232 那在你的无限中所唯一缺少的

Les défauts, les regrets, les maux et l'ignorance.»

233 缺陷、懊悔、病痛和无知。"

---

① 英译者注：参看伏尔泰讽刺诗《俗世之人》。

*Mais il pouvait encore ajouter **l'espérance**.*

234 但他应当再添一件:希望①。

（本诗译文根据梁爽、费轩、刘北成的意见修订）

---

① 1756 年原注:大多数人甚至在借助神启之前,都有这样的愿望(永生)。死后仍然生存的愿望植于我们生时对于生活的热爱。任何证据都不能支撑这一观点,因为证明某一观点只能通过证明其反面有自相矛盾之处。并且,若一件事实已被证明,那么所有关于它的观点都会消失。卢克莱修*为了毁掉这一愿望在他的第三本著作中建立了一套十分强有力的论点以至于给人类造成了伤害;但他所做的都是用一些看似正确的论点来攻击那些更加令人确信的看似正确的论点。很少有古罗马人赞同卢克莱修的观点,他们在罗马剧院中呼喊道:"死后什么都没有了。"但是直觉、理性、被安慰的需要和社会的福利最终占了上风,人类总是希望这样一种生活的到来。但是我们必须承认,希望总是沾染着怀疑的色彩。然而,神启摧毁了怀疑,为希望带来确定性。

1771 年伏尔泰补注:但是他害怕人们每天继续为神启争辩,害怕看到基督教社会混乱不堪,害怕基督教在神启的问题上分裂成 100 个派别;害怕人们为神启互相诽谤,互相迫害,互相斗争;人们为神启争夺圣巴泰勒米岛;为了神启砍掉了查理一世*的头颅;为了神启拖着浑身是血的波兰国王。*上帝啊! 向我们启示吧! 让人们更加人性化,更加宽容吧!

*卢克莱修(前 99? —前 55 年),古罗马哲学家和诗人。

查理一世(1660—1649 年),英国国王,在英国内战中被处死。

伏尔泰在此提到的波兰国王是斯塔尼斯瓦夫二世,全名斯塔尼斯瓦夫·奥古斯特·波尼亚托夫斯基。他在 1771 年 11 月被爱国者推翻。——中译者注

伏尔泰年表

1694:伏尔泰出生于巴黎,祖姓弗朗索瓦-马利·阿鲁埃。

1702:西班牙王位继承战争。

1704:法国军队在霍克施塔特(*Hochstaedt*)战役中失败。伏尔泰进入耶稣会的路易大帝中学读书。

1706:欧仁大公(*le prince Eugène*)和马尔伯勒(*Marlborough*)占领里尔。

1713:乌得勒支和约签订。伏尔泰在海牙短期逗留,任法国大使馆秘书。

1715:路易十四逝世。摄政王奥尔朗公爵掌权。

1717:伏尔泰在巴士底狱被关了十一个月。

1718:伏尔泰的悲剧《俄狄浦斯王》(*Oedipe*)上演,大获成功。

1719:通货膨胀,约翰·劳(*Law*)的"体系"崩溃。

1720:伏尔泰到奥尔朗附近的苏斯城堡(*Château de la Source*)拜访博林布罗克勋爵(*lord Bolingbroke*).

1721:在伦敦,罗伯特·沃波尔(*Robert Walpole*)成为英国总理,掌权一直到1742年。

1722:伏尔泰到荷兰旅行,对这个国家的宽容和繁荣赞赏有加。

1723：伏尔泰发表《亨利亚特》(La Henriade)的第一个版本《联盟》(La Ligue)，是一部以宗教战争和亨利四世为题材的史诗。

1726：2月4日，德·罗昂骑士指使手下人杖责伏尔泰。4月17日，伏尔泰被关进巴士底狱。5月5日，他来到加莱，乘船去英国。7月，他秘密回到巴黎，意图与罗昂决斗。弗雷里(Fleury)统治法国，手握大权一直到1743年去世。

1727：1月，伏尔泰被引见给英王乔治一世。4月8日，伏尔泰在威斯敏斯特参加牛顿的盛大葬礼。12月，他用英文发表了两本小册子，一本是《论内战》(Essay on civil wars)，一本是《论史诗》(Essay on epick poetry)。

1728：伏尔泰根据人们的订购数量，印行了《亨利亚特》，并将书题词献给英国女王。11月，他回到法国。普雷沃斯特神甫(abbé Prévost)改宗信奉耶稣教，并逃到伦敦避难。

1729：孟德斯鸠(Montesquieu)来到英国。

1730：3月15日，伟大的舞台艺术家阿德里安娜·勒库夫乐(Adrienne Lecouvreur)逝世。由于宗教神职人员拒绝为她举行葬礼，女艺术家的尸体被抛弃在马路上。伏尔泰在一首题为"阿德里安娜小姐之死"的诗中，表示了自己的愤慨。12月，模仿莎士比亚风格的悲剧《布鲁图斯》(Brutus)上演。冉森派教徒在六品修士帕里斯(diacre Pâris)的墓地上发生骚乱。

1731：伏尔泰发表在伦敦时便开始创作的《查理十二世史》

（*Histoire de Charles XII*）。

1732：8 月，《萨绮尔》（*Zaïre*）发表，这是伏尔泰题词献给英国商人法格奈（*Falkener*）的一部悲剧剧本。

1733：1 月，伏尔泰发表《趣味的圣堂》（*Le Temple du Goût*）。6 月，结识夏特莱夫人（*Mme du Châtelet*）。7 月，在《哲学书简》中增补《关于帕斯卡的几点意见》。

1734：《哲学书简》开始在巴黎发行。伏尔泰躲藏在夏特莱夫人在香槟的西莱城堡。同年，孟德斯鸠的《罗马盛衰原因论》（*Considérations sur les Romains*）发表。

1735：伏尔泰获准返回巴黎。

1736：夏特莱夫人学习英文，并翻译了曼德维尔（*Mandeville*）的《蜜蜂的寓言》。《摩登人物》（*Le Mondain*）发表，伏尔泰到荷兰躲了几周。

1737：伏尔泰发表《牛顿哲学原理》（*Les éléments de la philosophie de Newton*）。

1738：在西莱城堡。

1740：奥地利玛丽·特蕾莎（*Marie-Thérèse*）登基。普鲁士国王腓特列二世（*Frédéric II*）登基。腓特列二世入侵西里西亚。伏尔泰在克里夫（*Clèves*）第一次与腓特列二世见面。

1741：奥地利王位继承战争。

1742：伏尔泰的悲剧《穆罕默德》（*Mahomet*）在巴黎遭到禁演。

1743：弗勒里（*Fleury*）去世，达尔让松（*d'Argenson*）兄弟进入政府执政。伏尔泰的悲剧《梅洛伯》（*Mérope*）上演。伏尔泰到柏林执行秘密任务。

1745:路易十五在冯特努瓦(Fontenoy)大获全胜,蓬巴杜夫人(Mme de Pompadour)成了路易十五的情妇。伏尔泰被任命为宫廷史官。

1746:伏尔泰当选法兰西科学院院士。

1747:伏尔泰在宫廷遭遇挫折。《查第格》(Zadig)发表。

1748:伏尔泰在南锡,路易斯维尔,科梅尔西,与路易十五的内兄斯塔尼斯拉斯宫(Cour de Stanislas)来往频繁。亚琛和约签订。孟德斯鸠发表《论法的精神》(L'Esprit des lois)。

1749:夏特莱夫人逝世。

1750:伏尔泰被任命为腓特烈二世的侍从,出发去柏林。卢梭发表《论科学与艺术》(Discours sur les Sciences et les arts)。

1751:《百科全书》第一卷出版。伏尔泰发表《路易十四的时代》(Le Siècle de Louis XIV)。

1753:与腓特烈二世决裂。由于路易十五禁止伏尔泰进入巴黎,他只好生活在阿尔萨斯。

1755:伏尔泰在日内瓦郊区的德利斯庄园定居。孟德斯鸠逝世。卢梭发表《论不平等的起源》(Discours sur l'origine de l'inégalité)。

1756:伏尔泰发表《论国家的风俗与精神》(Essai sur les moeurs et l'esprit des nations)。七年战争开始。

1757:法国军队在罗斯巴赫一败涂地。哲学家遭到迫害,《百科全书》的发表被迫中止。

1758：舒瓦瑟尔公爵（*le Duc de Choiseul*）进入政府执政。伏尔泰买下瑞士边境法国境内的费尔奈（*Ferney*）和图尔奈（*tourney*）的地产。

1759：伏尔泰发表《老实人》（*Candide*）。

1761：巴黎议会起诉耶稣会的教士，诉讼的结果最终导致取消耶稣会。卢梭发表《新爱洛伊丝》（*La Nouvelle Héloïse*）。

1762：卡拉（*Calas*）事件发生。俄国叶卡捷琳娜二世掌权。卢梭发表《社会契约论》（*Le Contrat social*）和《爱弥儿》（*Emile*）。

1763：七年战争结束。伏尔泰发表《论宽容》（*Le Traité sur la Tolérance*）。

1764：伏尔泰发表《哲学词典》（*Dictionnaire philosophique*）。

1766：德·拉巴尔骑士（*chevalier de La Barre*）因亵渎宗教而被处以极刑。

1767：伏尔泰发表《天真汉》（*L'Ingénu*）。

1770：舒瓦瑟尔倒台。

1774：路易十六登基。杜尔哥（*Turgot*）任财政大臣。

1778：伏尔泰回到巴黎，在这一年达到一生光荣的顶峰，并于当年逝世。

图书在版编目(CIP)数据

伏尔泰文集.第 10 卷,老实人·天真汉·咏里斯本
灾难/(法)伏尔泰著;蒋明炜,闫素伟,蔡思雨译.—北
京:商务印书馆,2021(2022.2 重印)
ISBN 978 - 7 - 100 - 19253 - 8

Ⅰ.①伏… Ⅱ.①伏… ②蒋… ③闫… ④蔡…
Ⅲ.①伏尔泰(Voltaire,Francois-Marie,Arouet 1694 -
1778)—文集 ②小说集—法国—近代 ③诗歌—法国—
近代 Ⅳ.①B565.25 - 53 ②I565.14

中国版本图书馆 CIP 数据核字(2020)第 252900 号

伏尔泰文集
第 10 卷
老实人·天真汉·咏里斯本灾难
〔法〕伏尔泰 著
蒋明炜 闫素伟 蔡思雨 译

商务印书馆出版
(北京王府井大街 36 号 邮政编码 100710)
商务印书馆发行
北京通州皇家印刷厂印刷
ISBN 978 - 7 - 100 - 19253 - 8

2021 年 3 月第 1 版   开本 710×1000 1/16
2022 年 2 月北京第 2 次印刷   印张 16½
定价:78.00 元